小さな幸せの見つけ方

幸せはあらゆる瞬間にあなたのそばにある

浄土真宗本願寺派　大見山 超勝寺 僧侶
大來尚順
OGI, Shojun

はじめに

「あなたにとって〝幸せ〟とはなんですか？」

そう突然聞かれたら、あなたはどのように答えますか？　即答できる方もいれば、頭を悩ます方もいることでしょう。ひょっとしたら、馬鹿げた質問だと鼻で笑う方もおられるかもしれません。

実際、多くの方は、普段の生活の中で常に〝幸せ〟ということを真剣に考える時間や心の余裕はないとおっしゃるでしょう。

しかし、それは建前であって、実は大人になるにつれて、忙しい毎日の生活や仕事に追われ、以前ほど〝幸せ〟というものに意識を向けることが少なくなってしまったのが、正直なところではないでしょうか。

むしろ**自分への大切な問いを蔑《ないがし》ろにするようになった**と言ったほうがよいのかもしれません。

そんな方にこそ読んでいただきたいのが、本書です。なかなか機会がないからこそ、この本を通じて〝幸せ〟というものをいま一度考え直してみてほしいのです。

なぜならば、今日《こんにち》、多くの方が〝幸せ〟と「欲」を混同し、不満足という苦しみの渦の中に陥ってしまっている気がするからです。

その渦から抜け出すためには、溺れるかのように慌ててバタバタするのではなく、まず心を落ち着けてみることが必要です。すると冷静にその渦から脱出する方法が見出せるようになってくるはずです。

人は、ときとして立ち止まることも必要です。ひょっとすると、立ち止まることに勇気が必要な方もおられるかもしれません。それは、自分が何年、何十年と正しいと思っていたものが、実は儚《はかな》いものであると気づき、自分が守ってきたものが崩れ落ちてしまうこともあるからです。

本書に収められた24のエピソードは、全て私の実体験を記したものですが、あなたが「前向きに立ち止まる手助け」になれればという想いで記したメッセージです。

〝幸せ〟とは、決して遠くにあるものではありません。かといって、すぐそばにあるものでもありません。**〝幸せ〟とは、私たち自身のものの見方次第で、遠いものにも近いものにもなるのです。**

新しい〝幸せ〟の価値観を、ぜひあなたの心と行いで手にしてみて下さい。本書のタイトルでもある「小さな幸せ」こそ、人生において実は最も大切にすべきものだと、皆さまに知っていただければ幸いです。

大來尚順

第2章　人の気持ちを感じ取る心の豊かさ　57

第3章　〝気づき〟から学ぶことの尊さ　103

第1章

本当の幸せは日常の中にある

1 自分をさらけ出すことの大切さ

●落ち着きを取り戻していく感覚

私の実家にはリリーという名前の、黒色のラブラドール・レトリーバーがいます。今は四歳で、人間の歳でいうとだいたい三十歳前後になります。私は、「大の」という形容句がいくつあっても足りないくらい、大の犬好きです。

しかし今は、仕事の関係上、地元から遠く離れて生活しているため、実家へ戻るのは月に一度程度です。大好きなリリーにも月に一度しか会えません。そんな中でも、月一度の帰省時に必ず行っていることがあります。それはリリーのジャンプーです。リリーも楽しみにしているようで、私が実家に帰って姿を見せると、ジャンプをして体全体を使って喜びを表現し、みずからシャンプーをする場所に移動し、しっぽを振りながらお座りをして待っています。本当に可愛い犬です。

先日も実家に帰省し、いつものようにリリーのシャンプーをしました。しかし、私はシャンプーをしながら無意識に愚痴《ぐち》をこぼし始めました。

帰省前に仕事でちょっとしたトラブルがあり、「職場でこんなことを言われた」「どうして自分があれこれしなければならないのか」など、ブツブツと独り言のように愚痴を言い始めたのです。

不思議なことに、**愚痴をこぼし始めると止まらず、当初の仕事のトラブルのこととはまったく関係のない、嫌な過去の出来事なども思い出し、リリーの体全体をシャンプーする手の動きも雑になり、気持ちはあまり穏やかではありませんでした。**

気がつけば私は無言になり、リリーのシャンプーを終えていました。きれいな水で泡を洗い流し、タオルで顔をワサワサッと拭いてあげると、じっと私を見つめるリリーの優しい顔がありました。

するとと、リリーは急に私の顔をペロリとなめました。

その瞬間、私は、自分が愚痴を言っている間、リリーは動きもせずただずっと聞いてくれていたことに気がつきました。

愚痴を言い、雑な手つきでシャンプーする私をそのまま受け止めるかのように、リリーは私の愚痴が終わるまでずっと座って私を見つめてくれていたのです。

そして、ペロリと顔をなめてくれたリリーのしぐさは、私に**「全部そのままでいいよ」「大丈夫」**と言ってくれているかのようでした。

まさに「全肯定」された気持ちになり、ざわざわした気持ちが少しずつ穏やかになり、落ち着きを取り戻していく感覚を覚えました。

すると、それまで気に留めていなかった風を感じ、その風で揺れる木々の葉のこすれる音などが聞こえ、周りの景色が目に入ってくるようになったのです。心のざわつきは本来の視覚や感覚を曇らせてしまうことを改めて感じました。

心を鎮められる場所

私はリリーのこの姿勢に、二つのことを思いました。

一つは、はたして自分が他に対してこのような姿勢を持つことができるかどうかということです。正直に言うと、毎日が自分のことで精一杯な私には、他に対して全て受け入れるように耳を傾け受けとめることは非常に難しいことだと思いました。

ただ聞くだけなら聞いているふりはできますが、リリーのように相手に安心させることは到底無理なことです。私を包み込もうとするリリーの優しさに感謝せざるをえません。

もう一つは、**「かっこうをつけない姿」「見栄を張らない姿」「自分に嘘をつかない姿」でいられる時間の大切さです。**

よく考えてみると、最近、自分自身の姿をそのままさらけ出せる場所や機会がなく、改めてこういった時間の重要さを感じました。

私たちは、社会に生きる中で、さまざまな人々や物事と繋《つな》がりをもって生活しています。**直接的、間接的、目に見える、目に見えない、その他さまざまな形態がありますが、繋がりの中で生きていることは事実です。**

それ故、ときとして物事を円滑に進めるために、自分の気持ちを抑えて周囲に合わせなければならないこともあります。

職場の人間関係やご近所づき合いなどがいい例でしょう。

これはとてもストレスの溜まるものだと思います。我慢できる許容範囲は人それぞれですが、必ず限界があります。人はある程度までは我慢できますが、いつか爆発してしまいます。

極端な話、これが暴言、暴力、犯罪に繋がってしまうということもあります。

大事なのは、このストレスが爆発する前にリリース（解放）することです。その方法は、お酒を飲んだり、美味しいものを食べたり、カラオケで歌を歌ったり、買い物をしたり、その方なりです。

どれもその方なりのストレス発散に繋がっているのであれば、まったく問題のないことです。

しかし、異なる視点から見てみると、**これらは一時的にストレスを感じる私たちの感覚を麻痺《まひ》させているのであって、本当の意味ではストレスのリリース（解放）にはなっていないことも多いのです。**

明確に言えば、実はストレスで動揺している心にさらに刺激を与え、より心の動揺を掻き立ててしまいかねないのです。いわゆる、火に油を注ぐ状態です。

ではストレスのリリースをどのようにするのかというと、それは心を刺激せずに落ち着かせていくことです。別の言い方をするならば**「自分を振り返る場所」**を持つことです。**肩の力を抜いて、他人には決してさらけ出すことのできない本性を「そのまま」預けることのできる場所を持つのです。**

こう聞くと、どこか遠くの特別な場所に行く必要を感じる方もいますが、それだけではありません。お風呂、近くの公園、近くの山など、何も考えずただ力を抜き、一人で時間を過ごせる場所であればどこでもいいのです。

私のように実家の愛犬の前でもいいと思います。そして、その場所を、自分を包み込み「全肯定」してくれる場所として決めることです。

一度このような場所を作ると、そこが自分の拠りどころ（場所）となり、自分のオンとオフを切り替えられる大切な場所と時間になります。

現代人は日頃、いろいろなストレスに耐えながら生活をし、複雑な感情を内に秘めて生活していると思います。

ときとして、そのような自分に嫌悪感を持つ方もいらっしゃるでしょう。しかし、これは人として当たり前のことです。

あなたを、あなたのまま受けとめてくれる場所をぜひ作ってあげて下さい。

心の動きが穏やかなときほど、気持ちがよいことはありません。実はこれも、尊い幸せの一つなのではないでしょうか。

2 散歩が思い出させてくれる気持ち

●思い出との遭遇

先日、生まれ育った地元へ帰省したときのことです。夕方に愛犬リリーの散歩へ出かけました。いつもは、近くにある川の土手を端から端まで歩き、Uターンして戻ってくるという道程です。距離にして、約一・五キロ。時間にすれば四十分ほどで、愛犬との昔から変わらない散歩コースです。

しかし、先日は天気もよく、時間に余裕があったので、いつもとは違うルートを通り、滅多に行かない川を渡った隣の地域まで出かけました。

私の地元は山口県にある本当に小さな田舎町ですが、そんな小さな田舎町といえども、川や山などを目印に分かれる地域ごとに家々が並び、実は自分の家の周り以外は未知の世界だったりします。

昔は地域でお祭りや忘年会などがあり、その地域の人々が顔を合わせる機会も頻繁にあったのですが、今ではそのような催しは少なくなりました。

私の地元での時間は、大学進学のために地元を離れた高校卒業までで止まっており、それ以降の地域の環境や人間関係はよくわからないのです。

しかし、恐る恐る微かな記憶をたよりに歩いていると、思わぬ出来事に遭遇しました。例えば、幼い頃に友人たちと自転車をこいで探索して見つけ、いろいろなおもちゃを持ち込んでいた秘密基地の場所の前を通ったり、小学校・中学校の同級生のお母さんにばったり出会い、あの頃に浸りながら立ち話をしたり、とても懐かしい思い出の数々と遭遇することになりました。

そして何よりも嬉しく感じたのが、ある少年とすれ違ったことでした。遠回りして、ようやくいつもの川の土手の散歩コースを歩き始めると、遠くから器用にバケツと釣り竿を担いで、自転車に乗る少年が目に入りました。

私の地元は過疎地域で、滅多に子どもを見ることはないのですが、半袖半ズボン姿の元気ハツラツな小学三、四年生くらいの男の子がこちらに向かってきたのです。その姿に、私は自分の昔の姿を重ねました。

私は小さい頃、魚釣りが大好きでした。いつもバケツを自転車のハンドルに掛け、釣り竿、網、銛《もり》を器用に持って自転車に乗り、時間を忘れて近所の川や溝に入っては、魚を追っかけ回していました。

そして、その少年を見たとき、一瞬私はそんな昔の自分の姿と重ね合わせていたのです。名前も知らない少年は、私に「こんにちは」と声を掛けてくれたので、私も「こんにちは」と返事をしました。

そこで私が「どんな魚を釣るの？」と聞くと、「フナです」という大きな返事がありました。少年は自転車を停めて、川でどんな魚が釣れるのか教えてくれました。私は「頑張って」と伝え、お座りして待っていたリリーとの散歩に戻りました。

そしてしばらく歩き、土手をＵターンして戻ってくると、釣りを終えた少年とまた再会したのです。そして少年は、バケツの中を見せてくれました。その中には、大きなフナ一匹とハヤという川魚が二匹泳いでいました。見事に釣り上げたようでした。

彼のイキイキした目に、私はとても癒《い》やされ、**心から何か一つのことを本気で楽しむという、今の自分には欠けているような感覚をその少年に思い出させてもらいました。**

目まぐるしい日々の生活に追われ、自分が余計なことばかりに気を取られすぎていて**「本来自分が集中すべきことを大切にしていない」**と反省させられました。

●意図しない自分との対話

私は散歩が大好きです。特に何かを考えるための時間ではなく、ただ歩くことで、本来の自分の中にあって忘れかけていた純粋な気持ちや、心の落ち着きを取り戻すことができるからです。

別の言葉で言うと**「意図しない自分との対話の時間」**だからです。

日頃、私たちはいろいろなことを考えすぎて、あちらこちらに意識をちりばめています。**なかなか一つのことに集中できず、結局は全てが中途半端になってしまい、何をどうすればいいのかわからないという「負のスパイラル」に陥ってしまうことはないでしょうか。**

これは、まさに猿が木々の枝から枝へと飛び移るように、私たちの意識がいろいろなところに飛んでしまう様子です。

これを心理学の分野では**「モンキーマインド」**と言うようです。これはとても疲れることですが、私たちの多くは無意識にこの「モンキーマインド」に陥っているのです。率直に言えば、**無駄なエネルギーを使っているということです。**

そんな「モンキーマインド」を抜け出す方法の一つとして、私は散歩をします。外を歩き、自然の中に自分を置くことで、狭まった自分の視野を広げるのです。散歩するときは考えごとをするのではなく、ただ景色を見回しながら歩きます。

すると、思わぬことに気がついたり、新しい考えや感覚に出会うこともあります。

例えば、道路に並ぶ花壇に綺麗な花を見つけたり、獲得した食糧を一生懸命に運ぶはたらき者のアリを見つけたりすることもあるでしょう。そしてこう考えるのです。

「自分が見ている景色は、世の中でいろいろなことが同時に起こっていることの重なり合いの一つであり、自分もその景色のほんの一部なのだ」と。

すると、何か大きく不思議なものに包まれて私たちは生かされているという感覚を持つのです。これが「意図しない自分との対話の時間」です。

今日、現代社会が効率を求め、一度に多くのことをこなすことが求められている風潮がありますが、それは多くの人々の「モンキーマインド」にバナナを与えて、さらに頭の混乱に拍車をかけているのです。

言い替えれば、そういう風潮が私たちの成すべきことの多くを、中途半端にさせているのです。人によってはこのような要求に対応できる人もいるかもしれませんが、そもそも無理に他の人々に合わせる必要はないのです。

自分を見失わず、一つひとつ丁寧に気持ちを込めて物事に取り組んでいくことが、結果的には「効率がいい」ということもあります。

散歩とは、本来の自分を思い出させてくれ、また自分の今の立ち位置を確認させてくれる一つのお手軽な手段です。

自分で自分の首を絞めていた「苦しみの原因」を知るというのも、実は幸せなことだと私は思います。

原因がわかれば、その対処方法も思いつきます。そんなことを考えるときにも、散歩はとても有効です。

さあ、ちょっと外へ出かけてみませんか？

3　食べ物をいただくということ

●忘れてしまった眼差し

私はよく近所のファミリーレストランを仕事で利用します。自宅だと、なかなか集中できないということもあって、ノートパソコンを持ち込み、簡単な食事とドリンクバーを頼み、夜遅くまで仕事をすることがあります。

先日、週末に大量の仕事があったので、いつもより少し早い午後のお茶の時間帯からファミリーレストランに行き、仕事をしていました。一段落し、ふと時計を見ると、もう夕飯どきの時間になっていました。

休憩しようと席を立ち、ドリンクバーでカップにコーヒーを入れて戻ってくると、私の右横のテーブルに一組の家族が案内され座っていました。お父さん、お母さん、そして小学生くらいの娘さん二人の四人家族でした。

テーブルに座るなり、皆さん嬉しそうにメニューを開き、何を注文しようか話しはじめました。すると、お父さんが上の娘さんに「もう高学年になるんだから、今日からお子さまメニューではなく、普通の大人が注文するメニューから選らんでみてごらん」と伝える声が聞こえてきました。

お姉ちゃんは注文の選択肢が増えたこと、そして自分が大人になった気分で嬉しいのか、楽しそうにメニューをのぞき込んでいました。

そして、注文した料理が届くと、その量の多さに驚いたようでしたが、手を合わせて「いただきます」と口にしてから食事をし始めました。私はちょうどコーヒーを飲み終えたので、休憩を止めて仕事に戻りました。

それからしばらくすると、隣のテーブルから泣き声が聞こえてきたので、横を見てみると、さっきのお姉ちゃんがむせび泣いていたのです。

お父さんもお母さんも突然のことで驚き、泣いている理由をお姉ちゃんに聞いていました。すると、お姉ちゃんは「ご飯を全部食べることができない」「食べ物がかわいそう」と答え、また泣き始めたのです。

お父さんとお母さんは思わず顔を見合わせ、ニコリと微笑み、「大丈夫」「お父さんが食べてあげるから、心配しなくていいよ」と優しい声をかけ慰《なぐさ》めていました。

私は、隣で勝手に二つのことに感心し、しばらく仕事が手につかなくなりました。

一つは、お姉ちゃんの食べ物に対する優しい気持ちです。私はこのような優しい気持ちをしばらく忘れてしまっていた気がしました。**感謝して食べ物を摂取することはあっても、「かわいそう」という気持ちまでは感じていませんでした。**この深く温かいお姉ちゃんの眼差《まなざ》しに感動し、自分の食べ物に対する姿勢を反省させられました。

もう一つは、お父さんとお母さんの教育です。お姉ちゃんの、この優しい眼差しを育んだのは、お父さんとお母さんの教育のはずです。私も子どもを持つ親ですが、どのような育て方をすればこんなに優しい眼差しを持つ子どもに育てることができるのか、直接お聞きしたいくらいでした。

見たところ、私より少し年上のご夫婦でしたが、本当に素晴らしい方々なのだろうと尊敬の念を抱きました。

●食事を摂取するということの意味

普段、私たちは当然のように食事をしていると思いますが、食事の前に手を合わせて「いただきます」と口にされている方はどれくらいいらっしゃるでしょうか。

食前の「いただきます」の「いただく」は、「食べ物をいただく」「食べ物を作った人や運んできてくれた人に感謝する」と理解されている方が多いと思いますが、**深く掘り下げると、食べ物に含まれる「いのち」を「いただく」という意味になります。**

全ての食べ物には「いのち」があります。また、食べ物自体も、さまざまな「いのち」の集合体なのです。

私たちは、ただ食べ物という物質を口の中にいれているわけではありません。**他の生き物の「いのち」を口に入れ、生きる力とさせていただいているのです。**

例えば、お米一粒にしても、無数のいのちの結びつきの中で生まれた「いのち」の集合体なのです。私たちが普段食べるご飯は、炊飯器で炊かれて食卓に運ばれてきますが、その過程には無数の「いのち」が存在します。

まずご飯を炊くには水が必要です。その水の中には細菌という「いのち」もいることでしょう。また、そもそもお米が集荷される前には、稲は田んぼの水や地中のさまざまな栄養を吸収して育ちますが、それらも全て他の「いのち」を吸収していることになります。

つまり、私たちは食事をしているとき、たくさんの「いのち」の集合体を摂取しているということになるのです。別の言い方をすれば、**私たちは、他の「いのち」の犠牲なくしては生きていけないのです。**

これは、人間だけではありません。この地球上に生きるものは全て同じです。

このことを本当に理解したとき、生まれてくるのは、お姉ちゃんのような「かわいそう」という言葉の根底にある、**他の「いのち」を搾取してしまうことへの懺悔《ざんげ》です。そして、「生きている」のではなく、私たちが「生かされている」ことへの感謝の気持ちです。**

私たちは、多くの「いのち」と繋がって生かされているという事実をしっかりと受け止めなければなりません。これが一人で生きているのではないという意識と共に、温かい気持ちを持つことに繋がります。

その結果、本当に自分にとって必要なものと、必要でないものとの区別ができるようになり、我欲をコントロールできるようになるでしょう。**実は私たち人間の苦しみの原因は、何事にも不満を持ってしまう心です。**

この原因をきちんと把握し、小さなことでも満足できるようになれば、苦しみは軽減していくものです。

まずは食事をする前に、必ず「いただきます」という言葉を口にすることを、意識的に実践してみることから始めてみましょう。

きっと、誰しもが幼い頃に少なからず持っていた、お姉ちゃんのような他の「いのち」への気持ちを思い出すことにも繋がるかもしれません。

4 「いつも通り」であることの有難さ

●意外と知らない「健康」の定義

自慢ではありませんが、私はよく体調を崩します。周りの人や同僚から健康な状態の私の姿を見ることは稀《まれ》だとまで言われてしまうくらいです。

私自身は健康のつもりなのですが、どうも顔色が悪かったり、げっそりして見えることがあるようなのです。しかし、思い当たる節がないわけではありません。

おそらく、その大きな理由の一つには、仕事や家業の事情で長距離の移動が多く、身体に負担がかかってしまうことが挙げられると思います。そして、その根底にはブレーキを踏むということを知らず、ついつい無理をしてしまう私のスケジュール管理能力に原因があるのだと思います。

その結果、体調を崩し寝込んでは、家族に心配をかけてしまいます。そして、毎回家族からちょっとしたお叱りを受けるというサイクルを繰り返しています。自分の学習能力の低さに悲しくなってしまいますが、つい無理をしてしまうのです。

しかし、体調が回復していつも思うことが、「健康」の有難さです。体調がいいと、身体も軽く、気分も爽快です。これは誰もが認める当然のことだと思います。

ここで私が強調したいのは、この世の中には失って初めて分かる「有難み」というものが数多くありますが、「健康」または「いつも通りに生活できる」ということほど、実は特別なものはないということです。

「健康」と言っても、漠然としていてイメージしにくいので、例を挙げてみます。

例えば、口の中に口内炎ができたとき、食事がつらくなるはずです。また、ちょっとした不注意で指を切ってしまって、いつもなら何気なく手を洗ったり、シャンプーをするのに、そのときばかりは指を濡らさないようにしたり、不自然な手の動きになってしまうはずです。

そのとき、誰もが「いつもならこんな不便なことはないのに」と思い、早く「いつも通り」に生活できることを願うのではないでしょうか。

これは「健康」の良し悪しとは少し違う話ではないかと思う方もいらっしゃると思いますが、実は「健康」の定義は非常に幅広いものなのです。世界保健機関（WHO）の憲章では、「健康」を「ただ疾病《しっぺい》や傷害がないだけでなく、肉体的、精神的ならびに社会的に完全に快適な状態であること」と定義しています。

国語辞典で調べてみても同じ意味が記載されています。つまり、**日常生活を快適に過ごすことができる身体、精神、環境をまとめて「健康」と呼ぶのです。**

いずれにしても、何気ない普段の姿がちょっとしたアクシデントによって、ほど遠いように思えてしまうことはないでしょうか。

●忘れがちな「いつも通り」の大切さ

私たちは無意識のうちに「有難さ」を当然のこととして錯覚し、日々の生活を送っているのです。実は日々を何気なく生活することは、「有難い（めったにない）」という意味なのです。

これは、「当然」というものを突然に失ったことのある人にしか理解できないことかもしれません。いや、もしかすると、そのような経験がある方も忘れてしまっているかもしれません。

例えば、私は以前自分ではどうすることもできない問題が仕事で起こり、何日も悩み、心配で夜も眠れず、次第に胃が痛くなったり、身体に異常が生じてきたことがありました。ある意味、生きた心地がしないような状態です。

会社にも大きな損害を与え、またクライアントにも大変な迷惑をかけてしまう事態だったのです。

そして、ある日問題が解決したときは、今までに感じたことがないほどの安堵感を覚えました。**しかし、よく考えてみると、それはただ心配事がなくなり、ゼロ（普段通り）に戻ったにすぎなかったのです。**

そのときほど、当然だと思っていた日々の生活が「有難い」ものであるか感謝したことはありません。

また、極端な例になってしまいますが、ある朝、元気に「いってきます」「いってらっしゃい」と挨拶を交わした家族の方と、もう二度と会えなくなってしまうこともあります。**いつどこで何が起こるか分からない不安定な現実の中で暮らしているのが、私たちの本当の姿なのです。**

この事実だけは、世界中の誰であろうと同じなのです。

こう考えると、いつも通りに生活できている「今」という時間がどれほど大切なものなのか、見直すことができます。

私たちの多くは「幸せ」というものを、後悔や未練という形で過去に見出し、願望という形で未来に求めがちですが、**実はそれらは「幸せ」ではなく自分の理想、別の言い方をすれば我欲《がよく》（自分一人の利益・満足だけを求める気持ち）というものです。**

「幸せ」とは、「自分の力で生きている」という概念を超えて、私たちがいろいろな支えの中で「生かされている」ことに気づき、感謝することなのではないでしょうか。

このようなことを言う私自身、体調を崩してしまっても、いつも通りに回復すると思い込んでいます。お恥ずかしながら、どうもあの苦しかった経験を経て得た安堵感を忘れてしまい、普段の生活に満足できず、未来に我欲を打ち出しているようです。

いま一度、「いつも通り」というものは、自分の力で成り立つものではなく、無数の現象の重なり合いによって成立しているということを認識し、私が思っている「普通」は「当然」ではなく「特別」なことであり、「稀」なことであると自覚し生活したいと思います。

そのためにも、朝起きて「幸せ」と口にすることから始めたいと思います。よく考えてみると、目が覚めるということもまた「特別」なことです。

その意味では、**私たちは毎朝、目覚めたときから「幸せ」がスタートしているのです。**

5 父と酌み交わす酒

月に一度の楽しみ

私は月に一度、東京から山口県にある実家の家業を手伝うために帰省する生活をしています。正直、毎月の長距離移動は体力的にも金銭的にも辛いのですが、それでもいくつか楽しみもあります。

例えば、愛犬と近所を散歩できたり、日頃の雑多な大都会の生活から自然に囲まれた静かな場所に身を置くというギャップに心地よさを感じ、リフレッシュできることも楽しみの一つです。

しかし、その他数多くある楽しみの中でも、一番に楽しみにしていることがあります。それは、父との晩酌《ばんしゃく》です。

このようなことを友人に言うと、親子二人でお酒を飲むことを不思議がられることがたまにありますが、私は父と一緒にお酒を飲むのが好きです。

私には、歳の離れた姉が二人おり、末っ子の長男として生まれました。両親にとっては、少し遅めの子どもだったこともあり、私が二十歳になりお酒を飲めるようになった頃には、父は還暦を迎えていました。

父からしてみれば、首を長くして一緒に晩酌をすることを待ち望んでいたのではないかと思います。

実は幼い頃、私はあまり父と接する機会がありませんでした。父は、平日は早朝から夜遅くまでサラリーマンとして働き、週末は家業であるお寺の仕事をするという生活をしており、私が起きている時間帯に家にいることはほとんどありませんでした。

そんな事情もあり、幼い頃の私は父を「父親」とはあまり認識しておらず、どちらかというと大人の男性が家にいるというくらいにしか思っていませんでした。

思春期の頃、進路をはじめいろいろと悩むこともあり、本来ならば「父親」に相談すればよいこともできずにいたことを思い出します。

しかし、よく考えてみると、今ではそんな父と一緒に盃《さかずき》を交わすことが大好きな自分が不思議です。その理由に思いを巡らせてみると、父のことがよく分かるようになったからだということに気がつきました。

初めて一緒にお酒を二人で飲んだときの父のニヤニヤした嬉しそうな顔は、今でも忘れません。そのときは、「どうしてこんなに嬉しそうな顔をするのだろうか?」と不思議でした。

しかし、日頃は表情が固く、顔をほころばせることなど滅多にない父がニヤニヤしているのがおかしく、その顔を見たいがために一緒に飲みはじめたのがきっかけでした。

すると、次第に父の口からいろいろな話を聞けるようになりました。

例えば、今だから言える笑い話、苦労話、失敗談、母への愚痴など、父の「本音」のような想いに触れられるようになったのです。そして私自身、父のことを誤解していたことが分かったり、今だから分かる父の気持ちなどが自分に流れ込んでくるような感覚を覚えるようになりました。

父なりに家族を想い守り抜いてきた姿や、サラリーマンとの二足の草鞋《わらじ》で家業を引き継いできた想いなどに触れたとき、涙が出そうになることもあります。

私もいまや娘を持つ一人の父です。今だから分かる父の気持ちに触れ、これからどのように人生を歩んでいくべきなのかを考えさせられます。**父と盃を交わすことは、私にとってお互いの「想いを酌《く》み交わす」ことを意味するのです。**

しかし、最近では父もお酒を飲む量が随分と減りました。昔は、「この人は一体どれくらい飲むのだろうか」と呆れたこともありましたが、だんだん飲む量が同じになり、今日では私の飲む量のほうが多くなりました。
そうすると「あとどれくらい父と一緒にお酒を酌み交わす幸せな時間を過ごすことができるのかな」と考えてしまい、寂しくもあります。

本音というものは「我」でしかない

普段の生活において、私たちは「本音」というものを口にすることは滅多にないと思います。いろいろと世間体を気にしたり、周囲に気を遣ってしまい、「本音」を口にすることを避けているというのが、実際の私たちの姿ではないでしょうか。

もちろん、私たち全員が周りを気にせず好き勝手にぶちまけていたら、日常生活のそこら中でけんかが生じることになるでしょう。しかし、**それは本当の意味での「本音」ではなく、単なる自分好みの意見、つまり「我《が》」でしかありません。**

本当の「本音」というのは、実際は自分自身で認識することはとても難しいものだと思います。

それこそ、歯を食いしばって耐えてきたこと、辛くても誰にも相談できずにずっと胸にしまっていることなど、本気で誰かのために自分の気持ちや行動を抑えつけて我慢してきた結晶を「本音」と呼ぶのだと思うのです。

きっと言葉では簡単に表現することはできないのではないでしょうか。**しかし、その「本音」を言葉にして引き出させてくれるのは、語りたいと思える相手、聞いてくれる相手です。**

私と父の場合、おそらくお酒を酌み交わす中で、私は父の「本音」を引き出していたのでしょう。しかし、私には引き出しているという感覚はありません。ただ、自分の想いをお酒と共に父に注いでいるだけです。

そして、何よりも「これが父の本音だ」と確信を持ったこともありません。あくまでもなんとなく「これが父の本音なのでないかな」と思っているにすぎないのです。

しかし、そこにはとても温かいものが流れているのを感じます。なぜならば、それは「守りたい」「大切にしたい」という父の想いから派生しているからです。

お酒は、飲み過ぎると健康上、身体に悪影響を及ぼすこともありますが、適量であればときとして相手に「本音」を感じ取らせ、また感じ取る手助けをしてくれるのかもしれませんね。

父親だけではなく、母親、兄弟、姉妹、家族の方々や大切だと思う周囲の人々と、お酒ではなく**想いを酌み交わすこと**を意識して、ゆっくり盃を交わす機会を作ってみてはいかがでしょうか。

きっと温かい気持ちとの対面に繋がることでしょう。

私も、いつか娘と盃を片手にお酒と共に、想いを酌み交わせる日がくるといいなと願っています。

6　頭を空にして眠ることの幸せ

●寝顔が表しているもの

最近、私は毎日、帰宅してから楽しみにしていることが一つあります。それはまだ幼い娘の寝顔を見ることです。

毎日できる限り早く仕事を切り上げ、帰宅を試みるのですが、娘の就寝時間に間に合わず、平日はなかなか一緒に起きて時間を過ごすことはできません。

しかし、帰宅して手洗いとうがいを済ませた後に娘のところに向かい、寝顔を見ては頭をなで「ただいま」「おやすみ」とささやき、しばらく穏やかな顔で眠る娘を見つめます。

気持ちよさそうに、また心配事など何もないかのようにぐっすり眠る娘を見ながら、大きな安心感を得ています。

これを毎日の楽しみにしています。

不思議なことに、スヤスヤと眠っている娘の寝顔をずっと見ていると、こちらまで眠くなってしまい、気がついたら夕飯も食べずに一緒に寝ていることもあります。


仕事帰りの電車の中や、駅から家に着くまでの道程では、その日の出来事や仕事を振り返り、明日の仕事の予定、週末の予定などいろいろなことを考えています。

たまに電車に乗っていると、窓に反射して映る自分の姿を見ることがありますが、そこには眉間《みけん》にシワを寄せ、何かに追われるような険しい顔をした自分がいます。しかし、面白いことに、娘の寝顔を見ると、それまで考えていたことを全部忘れて、肩の力がスッと抜けます。


日頃、私は仕事の関係で国内外を移動することが多く、頻繁にバス、電車、新幹線、飛行機を利用します。その度に座席で頭を下に向けて眠っている人を目にしますが、ほとんどが疲れて眠っていらっしゃる方々です。

隣の人の肩に頭がぐらつき、寄りかかってぶつかる寸前で一瞬目を開け真っ直ぐ座った体勢に戻しますが、またぐらつくということを何度も繰り返している方など、本当にお疲れなのが一目瞭然で、頭に手を添えてあげたくなることもあります。

しかし、正直に言うと、あまり気持ちよく眠っている人を見かけることはありません。たいていの方は、疲弊《ひへい》しきった顔や眉間にシワを寄せた状態で眠っていらっしゃいます。そう言っている当の私もその一人です。

もちろん、電車の中では、自宅とは違い、人目を気にせざるを得ないこともあり、リラックスして眠れないということもありますが、今日では、「自宅でも穏やかに眠るということができない」という方も多いのではないでしょうか。

不眠症という病、眠りが浅い、眠っていても考えごとをしている、いくら寝ても疲れが取れないなど、さまざまな声を聞きます。

しかし、ふと思うことは、**私たちは一体いつから穏やかに眠ることができなくなったのでしょうか。**

私たちは皆、昔は穏やかな顔でぐっすりと安心して眠れていたはずです。それこそ私の娘のようにスヤスヤと気持ちよく、何も心配などせずにぐっすり眠れていたはずです。

では、一体何が原因なのでしょうか。

●自分だけの定規を持つ大切さ

私は家業の関係で二足の草鞋を履いており、平日はサラリーマンとして働き、土日は家業の仕事をするという生活をしており、全く予定のない休日はめったにありません。そんな中、先日久しぶりに何も予定のない休日がありました。

天気もよく、朝から早起きして朝食を取り、日頃ゆっくりできない掃除を家の隅々までするど、あっという間にお昼の時間でした。

昼食後、お腹を落ち着かせようとソファーに座りました。ちょうど陽射しがソファーに当たり、身体がポカポカしてきて、眠くなりました。ちょっとだけ寝ようと、妻に三十分したら起こしてもらうようにお願いして、昼寝をしました。

しかし、気がついたら二時間ほど眠っていました。妻曰く、あまりに私が気持ちよさそうに眠っていたので、起こせなかったようです。

二時間でしたが、とっても深い眠りにつき、目覚めもスッキリでした。いつもの睡眠と何が異なるのだろうかといろいろと考えてみると、あることに思い当たりました。

それは寝る前に余計なことを考えていなかったことでした。

その日はただひたすら家の掃除をし、家族と過ごし、いつものように仕事や時間に束縛されることもなく、自由に過ごしていました。よく考えてみれば、その日は何も考えることをせず、ただ自然に時間を過ごしていました。とても気持ちのよいものでした。これは、おそらく娘が今過ごしている世界です。また、別の言い方をするならば、本来の私たち人間のあるべき姿だと思うのです。

しかし、私たちは歳を重ねながらさまざまな経験から知識を得て、無意識のうちに定められた責務というものを負うようになります。

そして、気がつくと時間の使い方、身体の使い方、頭の使い方などが制限されるようになり、「常識」というものを身につけます。

この過程は、社会で生きていくうえでは必要なことです。さもなければ無秩序な社会になってしまいます。

ただ、注意しなければならないのは、その「常識」が全てだと思い込んでしまうことです。その結果、本来は悩まなくてもいいことに悩んでしまうことになります。

例えば、「こうしなければならない」「こうでなければならない」「こうあるべきだ」などという社会的な定規《じょうぎ》があって、これに当てはめようとあの手この手を使おうと考え、悩んでいるという方もおられると思います。
そして、その定規に当てはまらなければ自分に劣等感や不安を抱くことになります。
これが、本来私たちが持っている穏やかな寝顔にひどい化粧をするかのように、眉間にシワの寄った険しい表情に塗り替えてしまうのです。

はっきり言ってこのような「常識」という名の定規は、人が作り出した幻想でしかありません。大事なのは、周囲に左右されない自分の定規を持つことです。

それこそ、幼い頃のように何事にも偏見を持たず、見たり触ったりするあの目と心を持って日々を生活していくことが大切です。

脱「常識」ではありませんが、一つでも「こうしなければならない」と思っていたことを辞めてみませんか?

すると、きっとこれまでよりも少しだけ穏やかな寝顔でお休みになれると思います。
結果的に、気持ちのよい朝が待っていることになるでしょう。

第2章

人の気持ちを感じ取る心の豊かさ

1 「差し入れ」に込められた気持ち

おばあちゃんがくれたみかん

先日、仕事で東京から地方へ一泊二日の出張をすることがありました。飛行機で地方の空港へ二時間のフライト。そして、空港から目的地へはバスと列車を乗り継いで移動したのですが、驚いたのは、空港に着いてからの移動時間の方が、飛行機に乗っている時間よりはるかに長いことでした。

バスと列車の本数が少なく、目的地に着くまでに約三時間を要しました。往路の移動だけで一日の半分が終わってしまうという長い移動の出張でした。

しかし、不思議なことにあまり疲れはありませんでした。その理由は、列車の中でお会いしたおばあちゃんのおかげでした。

空港からバスに乗り、最寄りの駅に移動し、列車に乗りました。そこが列車の始発駅ということもあり、列車の席はガラガラでした。列車には「ワンマン」と書かれており、車掌さん一人が乗っているたった二両の列車でした。

私は窓から景色を見ようと横長い席に座りました。列車が出発すると、どんどん山の中に入っていき、青々とした林木の景色を見ることができました。その景色は、私の生まれ育った山口県の田舎と変わらず、なぜか思わず笑ってしまいそうでした。

すると、腰の曲がったおばあちゃんが乗車してきました。おばあちゃんは、ゆっくり私の隣に座り、私ににこりと会釈《えしゃく》されました。私もにこりと会釈を返し、またしばらく景色を見ながら列車に揺られていました。

それから隣のおばあちゃんが、鞄《かばん》からごそごそとオレンジ色の網に入ったみかんを取り出されました。そして私に「お兄さん、よかったら」と言って、みかんを一つくれました。そして、みかんの皮をむき、食べ始められました。

私は有難いと思い、せっかくなので一緒に頂きました。


スーツを着てネクタイを締め、コロコロのついたスーツケースを持ち合わせていた私の姿が珍しかったようで、私がここにいる理由から、出身地、仕事、家族のことなどいろいろとお話をしました。

方言が強くて、ところどころ聞き取れないこともありましたが、楽しい時間を過ごしました。しばらくすると、先におばあちゃんが列車を降りることになりました。

すると、まだ先の長い私を気遣い、「お兄さん、がんばってね」という言葉と一緒に、みかんをもう二つくれました。

私は御礼を伝え、せめてもと思い、おばあちゃんを列車の出口まで見送りました。

なんだか妙に嬉しくて、残りの乗車時間も私は温かい気持ちで過ごすことができました。

もちろん、みかんを頂けたことも嬉しかったのですが、私はおばあちゃんの心優しい気遣いが本当に嬉しかったのです。その中には、私の出張の仕事のことだけではなく、これからの私の生活のことへのエールが込められていた気がします。

全く見ず知らずのおばあちゃんでしたが、私に寄り添って下さった感じがしたのです。

表面を支えるもの

日常生活において、ときおり「差し入れ」というものを頂くことあると思います。私自身は、勤務している職場でお客さんから差し入れを頂くことがあります。

小さな職場で社員もさほど多くはいませんが、みんなが食べられるようにと人数分のお菓子などを用意して下さる方が多く、とても有難く頂いています。

たいていは、誰から頂いたものかメモが貼られ、お茶ができる共有スペースに置かれます。みんな各々のタイミングで休憩時にお茶と差し入れのお菓子を食べます。私の職場の同僚はみんな甘党ということもあって、嬉しそうに糖分補給をしながら、その日の差し入れの評価をします。絶賛する人、特に何も言わない人、辛口の酷評をする人、好き勝手言う人、さまざまです。

実は、私はこの場面を目にする度に、何か腑に落ちない思いを持っていました。しかし、おばあちゃんからのみかんのおかげで、それがなぜなのか思い出すことができました。

私もついつい差し入れの「物」に目を奪われてしまい、よく忘れてしまうのですが、**まず差し入れを目の前にしてすべきことは、差し入れをしてくれた方は「どんな気持ちで持ってきて下さったのか」を考えること**だったのです。

きっと、「喜んでもらいたい」「日頃お世話になっているので、せめて何か言葉ではないものでお礼を伝えたい」など、いろいろな気持ちをもっておられることでしょう。

ただ一つ言えることは、受け取る側に好意を持っていなければ、差し入れをすることはないということです。

これを理解できれば、何よりも最初に湧き上がる思いは、感謝の気持ちのはずです。

頂いたものに対して好き勝手言う人もいますが、そういう方は本当の意味で差し入れをしたことがないのではないでしょうか。だから、差し入れをする人の気持ちがわかりにくいのです。

大事なのは、受け取った「物」ではなく、差し入れをして下さった人の「気持ち」を受け取ることなのです。

おばあちゃんのみかんに、改めて表面的なものではなく、その裏にある想いを汲み取ることが大切であることを思い出させてもらいました。

表面的なものではなく、その表面を支える想いに気がつけるということは、人の優しさや温もりに目覚めた生活へと導いてくれます。そのためには、物事に対して好き勝手なことを口にする前に、相手の気持ちを考える習慣を身につけることが必要になります。

そういう意識を持つことで、きっとあなたの言動も自ずと変化してくるでしょう。

2 贈り物に込められた大切な気持ち

●仕送りの段ボール

先日、家で一人で留守番をしていると、宅配便の荷物が一つ届きました。送り主は、実家の母からでした。

段ボールを開けると、地元で採れたお米や野菜、手作りの漬け物をはじめ、さまざまなインスタント食品や、洗剤、靴下などがぎっしり詰まって入っていました。

私は三十五歳を過ぎた、いい大人です。東京で家庭を持ち、自立して生活できているのだから、わざわざ仕送りなんて送ってこなくていいのにと思いながらも、楽しみに段ボールの中をごそごそとあさっている自分がいました。

あとで妻に聞いたのですが、私が知らなかっただけで、母は頻繁に仕送りの段ボールを東京に送ってきてくれているそうです。

どこまでも深い、母の思いやりに感謝です。

しかし、よく考えてみると、昔からよく仕送りの段ボールを送ってもらっていたことを思い出します。私は大学に通うために、地元の山口県を離れ、十八歳の春から京都で独り暮らしを始めました。

当初、親から離れて伸び伸び生活ができるという解放感を満喫していましたが、やはり独り暮らしに慣れないこともあり、どことなく寂しさを感じることもありました。

そんなとき、不思議と母からの仕送りの荷物が届き、本当に精神的に支えてもらっていました。段ボールの中には、お米、インスタント食品のほか、もうさすがに食べもしないのに、幼い頃に好きだった駄菓子などがよく入っていました。

いつまでも子ども扱いしないでくれと、よくブツブツ言いながら電話で御礼を伝えたものです。

この仕送りの物資によって、ずいぶんと経済的には助かりました。しかし、私にとって、実は段ボールの中味がどうであろうと関係ありませんでした。

なぜならば、段ボールの中に詰め込んである物資より、段ボールに詰まった気持ちの方が嬉しかったからです。

段ボール箱を覗いてみると、隙間ができないように綺麗にさまざまなものがびっしり詰まっていました。その箱には、一つひとつにできる限り物を入れようと、丁寧に詰め込む母の様子が映し出されていました。それは、まるで母の想いが丁寧に詰め込まれているようでした。

すると、自然と熱いものが込み上がり、勉強を頑張ろうという気持ちを新たにしていました。

●心の奥底や裏側にある想い

最近、職場で昼食休憩中に同僚の社員二人と話していたとき、こんなことを聞きました。一人は二十代の男性で、最近、私と同じように実家のお母さんから仕送りの段ボールが届き、いろいろな物資を送ってもらったそうなのです。

しかし、箱には自分が欲しいものや必要なものが入っていたわけでもなく、再配達を受け取るために苦労したことなど不満を口にしていました。最初は照れ隠しかなと思ったのですが、本気で言っているようで表情も恐いものでした。

すると、もう一人の同僚は五十代の女性でしたが、娘さんから贈り物をもらったそうなのですが、それが特に自分が欲しいものではなかったようで、どうせなら欲しいものを聞いて買ってもらいたかったと仰っていました。

最終的に「要らなかった」という言葉を二人から耳にし、正直、私は大きなショックを受け、胃がキュウと縮むような痛みと、心の痛みを感じました。

この二人の言いたいことはわかります。もし物をいただくのであれば、もちろんそれは自分が欲しいと思っている物のほうが嬉しいですし、何よりも贈り物をしてくれた相手にも素直に感謝できます。

しかし、これは全く表面的なものしか見えていない証拠です。別の言い方をするならば、我執《がしゅう》（自己中心性）に囚われている証拠です。

つまり、自分だけではなく、相手の気持ちまでコントロールして、自分の欲を満たそうとしているのです。

そもそも他人から物を頂くこと自体、滅多にあることではありません。これは「有ることが難しい」という意味を持つ「有難い」という言葉がまさに物語っています。

実際、逆の立場で（個人差はあるでしょうが）、自分が物を差し上げることがどれくらいあるか、自問自答してみればよく分かるのではないでしょうか。

大切なのは、贈り物に込められている贈り主の気持ちです。相手がどのような思いで物を選び、どのような思いで詰め、どのような思いで送ってくれたのか、それを本当に考えたとき、中味の物が何であろうと、感謝せずにはいられないと思います。

最近、多くの人が目には見えない「人の気持ち」を読み取る力が低下してきている気がします。

それは、今日の私たちは進歩する技術によって生み出される多種多様なサービスを利用し、快適な生活ができている反面、**「有難い」が「当たり前」という錯覚に溺れつつあるからです。**

この錯覚により、物事を静かに見ることや、相手の気持ちを考えること、素直に気持ちを受け取ることがブロックされているのだと思います。

このブロックを外すための最初のステップとして、「贈り物をしてもらえない人もいる」「自分の周囲にあるものは当たり前ではない」ということを強く意識しながら、自分が気持ちを込めて、大切だと思う方に贈り物をしてみてはいかがでしょうか。

きっとさまざまなことを考えたり、郵送する手続きをはじめとするあらゆる作業があるはずです。その大変さをそのまま自分が受けとっていることが深く分かれば、今後どんな物をいただいても素直に受け取り、感謝の気持ちが生まれてくるのではないでしょうか。

目の前にある物ではなく、その背後にある人の気持ちや物事に目を向けることができれば、これまでとは違った満足の気持ちを発見できたり、思い出したりできるかもしれません。これも一つの幸せというのかもしれませんね。

3 「手書き」が持つ温かさ

母からの心の手紙

現在、私は仕事の都合で東京を居住地として、実家のある山口県とを行き来する生活をしています。二つの場所を行き来するのは長時間の移動で大変ですが、生活面ではちょっと便利なこともあります。

それは、東京の家のスペースはとても限られているため、ほとんど荷物を置くことはできませんが、読了した本や今は必要なくなったけれど大事な物、捨てられない物などは、全て実家へ送ることができるのです。

しかし、実家の私の部屋のスペースにも当然限界があり、先日、両親から積み上げた段ボールなどをいい加減に整理するようにお叱《しか》りを受け、実家に山積みにして放置していた段ボールを解きながら荷物の整理をすることにしました。

するると、普段は開けることのない押し入れや机の引き出しを開けることになり、昔もらった賞状や色紙、学生時代の通知表、卒業アルバムや卒業文集などが目に入ってきました。

結局、気がつけば部屋の片づけそっちのけで、懐かしい品々を手に取って眺めては、一人で思い出に浸っていました。

しばらく、ごそごそ引き出しをあさっていると、一つの茶色い分厚い封筒が出てきました。その封筒には何枚ものメモ用紙や手紙が詰め込んでありました。それらは全て、昔、私がアメリカに留学していたときに、実家から仕送りの段ボールが届く度に添えられていた母からのメモ用紙や手紙でした。

何度も日本の食材などを送ってもらっていたので、そのメモ用紙や手紙の数も十数枚におよんでいました。

そんなメモ用紙や手紙をどうしても捨てることができず、留学を終えて帰国する際に日本へ持ち帰り、茶封筒に入れて保管していたのです。

それらのほとんどが、私の健康を気遣うちょっとしたひと言だったのですが、母の筆跡で書かれたこれらの文章に、異国の地で孤独を感じ、また辛いとき、どれだけ救われたことかわかりません。

そして茶封筒の中から、メモ用紙とは別の、折りたたまれた少しベタベタした紙が出てきました。それは、送り状ラベルでした。これは初めて日本から送られて来た仕送りの段ボールに貼ってあった送り状ラベルでした。

実は、私は母からのメモ用紙や手紙も大切にしていたのですが、このラベルを一番大切にしていました。

「See you」を「スーユー」と発音し、英語を覚えたと自慢してくるくらい英語が苦手な母が、田舎の郵便局の窓口で職員の方と一緒になって、アメリカの住所や箱に入れてある食材名など英語のスペルを一文字ずつ一生懸命書いている情景が鮮明に目に浮かぶラベルだったのです。

不思議なもので、英語でも字体は日本語と変わらず母のものだとわかるのです。そのラベルの字からは、母のいろいろな想いが自然と感じられました。

この「心の手紙」が私にはとても大切だったのです。

手書きだから伝わるもの

最近ふと思うのですが、字を書く機会がとても少なくなった気がします。私自身、最近何か手書きで文字を書くことがあったかなと、ここ一週間を振り返ってみると、ある申込書に名前と住所を記入しただけでした。

よく考えると、本当に文字を書く機会が少なくなったことに驚かされます。

反対に、パソコンや携帯のキーボードを触らない日はなくなりました。書類、御礼状、郵送物のラベルまで全てパソコンで作成します。仕事の連絡は、基本的にはEメールが主です。また家族へのちょっとした連絡などはSNSを使い、短いメッセージで会話します。

ときにはスタンプのような絵文字を送るだけということもあります。

確かに便利で、コミュニケーションもスピーディーに取れるという利点があります。また、連絡の記録を残すこともできて安心です。これらは職場などの業務的な場では非常に役立つテクノロジーだと思います。

しかし、このような場を離れ、自分の大切な想いを伝える場合には、あまり適していない気がしてなりません。

実は、人と人がコミュニケーションを取るとき、その影響が人に与える割合は、メラビアンの法則というものによると、言語情報（話の内容など）7％、聴覚情報（声のトーンや話の速さなど）38％、視覚情報（見た目など）55％と言われています。

つまり、言語は一割にも満たない役割しか果たしておらず、それだけでは全くこちらが意図したことは相手に伝わっていないということになるのです。

パソコンをはじめとする機械の文字には、さまざまな書体があります。ですが、やはり機械的で全て同じように見えてしまいます。

どれだけ気持ちを込めて文章を作成したとしても、こちらが本当に伝えたい温かな思いは、なかなか感じ取ってもらいにくいものになってしまいます。ときには、意図せず、相手に冷たさや寂しさ、誤解を与えかねない心配もあります。

しかし、思いを伝える文章に手書きが加わることで、コミュニケーションの半分以上の役割を担う視覚的情報としての想いが上乗せされます。

それは、機械的な文字では決して表現できない「感動」や「愛」を注入することができるのです。

人の振る舞いには、人の心や想いが反映されています。また、人の心や想いはその振る舞いに表れます。字の上手い・下手に関係なく、自分の想いは手書きという行為を通して、より鮮明に表現できるのです。

相手に本当の想いを伝えるならば「手書きが一番」なのかもしれないと、茶封筒の中に大切にしまっておいたラベルを見て改めて思いました。

たまには、感謝の気持ちを持って、ちょっとしたひと言を手書きで書いてみようと思います。

きっと私自身が忘れていた温かさに触れられるような気がします。まずは、妻へのちょっとした感謝のメモからはじめてみたいと思います。

4 大切な人がいると人は強くなれる

弟をおんぶするお姉ちゃん

とある連休のときの話です。休日だったのですがちょっとした仕事があり、電車で仕事場に向かいました。

いつも通りの時間に起き、いつもと変わらない時間帯の電車に乗りました。いつも最寄り駅から東京駅を経由して職場に向かうのですが、さすがに休日ということもあり、東京駅までは車両も空いていて座って移動することができました。

この調子だと、東京駅も人は少ないだろうと思っていたのですが、それは大きな間違いでした。まだ朝も早いというのに、駅は人でごった返していました。

さまざまなところから来られた旅行者なのでしょうか、小さな子どもからお年寄りまで、大きなリュックやカバンをかつぎ、コロコロのついたスーツケースを転がして移動する人でいっぱいでした。

私は、そんな人々を少し羨ましく思いながら仕事へ向かいました。しかし、幸いこの日はちょっとした仕事だったので、いつもより早い時間に仕事を終えることができました。

さあ帰宅しようと職場の最寄り駅に向かいました。ちょうど交通系ＩＣカードの電子マネーの残高が少なくなっていたので、東京駅の自動券売機でチャージをしていると、どこからか子どもが泣く声が聞こえてきました。

ふと聞こえてくる声の方に顔を向けると、駅構内の柱のそばにリュックをかついだ姉弟がいました。お姉ちゃんはだいたい小学三年生くらいで、弟くんのほうは小学校にあがる前くらいの二人でした。泣いていたのは、弟くんのほうでした。

自分の背中より少し大きいリュックをかつぎしゃがみこんで、「もう疲れた、歩きたくない」と泣きながら叫んでいました。お姉ちゃんは、弟くんのそばでしゃがみ慰めています。

私はどうもその二人が気になって、電子マネーのチャージが終わると、声を掛けようと思って歩み寄ると、お姉ちゃんはすくっと立ち上がり、自分のリュックを背中から前に掛け直し、弟くんの前に立ち背中を向けてかがみました。
「ほら」と両手を後ろに広げ、弟くんに背中を見せると、弟くんは泣き止みお姉ちゃんの背中に身体を委《ゆだ》ねました。

お姉ちゃんは弟くんをおんぶして歩き始めたのです。しかし、自分の荷物もあり、重くてバランスが取りにくいのかヨロヨロし、10メートルも歩かないうちに転んでしまいました。

しかし、彼女はもう一度弟くんをおんぶしてヨロヨロと歩きだし、また転んでしまったのです。

私は見ていられなくて、二人に声を掛けました。近くに座る場所があったので、二人の荷物を持ってそこへ移動しました。

聞くところによると、お母さんと一緒に岡山県から来たそうですが、駅で迷子になってしまっていたのです。私はすぐに駅員さんを呼んで迷子の放送を流してもらいました。

お母さんを待っている間、一緒にジュースを飲みながら東京でどんな旅行をするのかなど、いろいろと話していました。ゴクゴクと夢中でジュースを飲む弟くんと、そのそばで静かに弟くんを見つめるお姉ちゃんがいました。

しばらくすると、お母さんが走って迎えに来てくれました。すると、お母さんの顔を見るや否や、急にお姉ちゃんが泣き始めました。

きっと自分が弟くんを護《まも》らなければという責任感から解放され、安心したのでしょう。お姉ちゃんだって見知らぬ地で迷子になって怖くてたまらなかったのだと思います。

そんな様子を見て、私も少し涙が出そうになりました。

人を大切に思う「無条件の優しさ」

自分の恐怖心や不安な気持ちを差し置いて、弟くんの恐怖心や不安を取り除こうとするお姉ちゃんの姿、これはなかなか真似できることではありません。

普通は、まず自分の恐怖心や不安な気持ちでいっぱいになって、周りの人のことなど考えようとしないのではないでしょうか。

もし私が、お姉ちゃんの立場であったら、きっと一緒に弟くんと泣いて、迷子になった場所から動けずにいたと思います。

しかし、どうしてお姉ちゃんはこのような勇気ある姿勢をとることができたのでしょうか？　私はいろいろと考えた結果、一つの理由に辿り着きました。

それは、お姉ちゃんは弟くんのことが大好きで、とても大切に思っていたからという理由です。

とても単純ですが、お姉ちゃんの強さの原点はここなのです。**人は心から大切に思う人がいると、強くなれるのですね。**

それこそ、自分のことなど考えもせず、その大切な方に寄り添おうとするのです。

これは理屈ではないのです。

その姿勢には、見返りを期待したり後先を考えるような「計算（はからい）」の気持ちなどありません。ただ必死なのです。

今日、私たちにもそれぞれ大切な人がいると思います。しかし、その方々はどのような意味で大切なのでしょうか?

その人が好きだから、自分にとって都合がいい人だからなど、いろいろな理由があるでしょう。**しかし、数多くいる大切な人の中に、無条件に大切だと思える人は、いったいどれくらいいるでしょうか?**

お姉ちゃんを見ていて、人を大切に思う「無条件の優しさ」の姿とは、本当に素敵なものだと思いました。それは見ている人まで感動させます。

しかし、ここで忘れてはならないのは、**私たちは気がつかないだけで、家族や周囲の方から「無条件の優しさ」を受け取っていることもある**ということです。

これに気がつくためには、まず自分が「無条件の優しさ」を実践することです。

お姉ちゃんがお母さんの顔を見たとき、きっとお母さんの顔は、走ってきたので息も切らし、心配でたまらない真っ青な表情だったと思います。しかし、その顔には

「無条件の優しさ」が溢れていたのだと思います。
それを感じ取ったからこそ、お姉ちゃんは安心して泣いたのです。
ぜひ、大切に思う人への気持ちに寄り添って行動してみて下さい。
そこからきっと寄り添われていた優しさが見えてくるはずです。

5　本当に孤独な人間など誰もいない

●親が子を思う気持ちは計り知れない

毎朝の通学や出勤時、必ず会う人や目にするものがあるという方は多いのではないでしょうか？

私がふと思い出すのは、高校時代の電車通学です。実家が田舎だったため、電車のダイヤは極端に少ないうえに利用客も少なく、列車の車両数は六両。利用客のほとんどは高校へ通う学生でした。

おもしろいのが、みんな異なる高校の生徒なので知り合いではないにもかかわらず、毎日決まった時間に決まった車両に乗っていると、不思議なことにその車両の中で共同体意識が生まれるということです。

それぞれの車両に乗る学生には決まった乗車位置があって、例えばある日、誰かがいないことに気がつくと、友達でもないのに心配したりします。また、急に普段見かけない学生が乗ってくると、「誰だろう」とコソコソッと噂をしたりザワついたりします。

これは「田舎あるある」の一つでしょう。きっとこの状況がよく分かる方も少なくないはずです。

現在に目を向けてみると、私は東京で電車通勤をしているのですが、毎朝駅に向かう途中、必ず手をつないで歩く小学校低学年の女の子と、その子のお母さんに出会います。いつも横断歩道の信号待ちで一緒になります。

信号が青になると、女の子は一人でお母さんに手を振ってから小さな歩幅で横断歩道を渡りはじめます。お母さんは横断歩道を渡ることなく、女の子を見送っています。

女の子は横断歩道を渡り終えると振り向いて、反対側にいるお母さんにもう一度手を振ってから小学校へ向かいます。

私が向かう駅は横断歩道を渡った先の交差点の先にあり、途中まで女の子の通学路と一緒なので毎朝この光景を目にするのですが、あるときふと横断歩道を渡り、私の数メール先を小走りで行く女の子の背を前にし、しばらく歩いてから後ろを振り向いてみました。

すると、まだ横断歩道の反対側にはお母さんの姿が見えました。お母さんはずっと女の子の背中を見守っていたのです。そして、女の子の姿が見えなくなってから、お母さんは自分の行き先に足を向けたのです。

次の日も同じように振り向いてみると、そこにはお母さんの女の子を見守る姿がありました。それ以来、私は毎朝この親子の温かい姿を目にしては、優しい気持ちをいただきながら出勤しています。

私も現在は一人娘の父であり、このお母さんの気持ちが少しですが分かる気がします。**親とは、子どもが気づかなくても、また、たとえ背を向けられるようなことがあったとしても、子どもを追ってでも思い続けるものなのかもしれません。**

私自身、まだ小さな娘に対して、怪我をしないように注意を払って部屋を片づけ、いつでも目と手が届く範囲で見守り、言葉の話せない娘のちょっとしたサインを見落とさないようにしながら日々の生活をしています。

父になって思うことは、子どもにはとにかく元気にすくすく育って欲しいということだけです。自分のことは二の次です。私自身、自分が第一主義だった考えの変わりように驚きました。

しかし、さらに驚かされたのは、娘に対する私の妻の思いです。娘が要求する度に母乳を与え、栄養管理の行き届いた食事を作り、衛生面にも注意してこまめに洗い物や洗濯をしています。

その結果、自由な時間や睡眠時間が大幅に削られ、もともと弱く大切にケアしていた肌はストレスで荒れ、全身に及んでボロボロです。ある意味、身も心もボロボロの状態になっているのです。

しかし、それでも娘を第一に、必死に考えて子育てをしています。その思いは、私とは比べものにならないくらい深いものだと、つくづく思い知らされます。**親の子どもに対する想いというのは、本当に計り知れないものです。**

●人は誰も独りで生きているわけではない

実は、親になってわかったことがもう一つあります。それは、**このようなことを口にしている私自身も、自分の両親から、私と妻が娘に注ぐ思いと同じ思いを受けながら生かされてきたということです。**

そう思うと、親の思いも理解せず、随分と酷《ひど》い態度を取ってきたものだと反省するばかりです。それでも文句一つ言わずにそばにいてくれた親の懐の深さに、改めて大きな愛を感じます。

ただ、このような温かい思いに包まれている事実は、なにも親子の関係だけに限ったものではありません。目には見えませんが、実は私たちは普段より周囲から温かい思いや願いを注がれているのです。自分では気がつかないだけで、家族をはじめ、友人、職場の同僚、近所の方々から、何かしら「気にかけて」もらっていたり、「心配り」をしてもらっているのです。

なかなか体感することはできませんが、私たちは日々の生活の中で常に温かな思いに包まれているのも事実なのです。

言い換えるなら、私たちは一人ひとり、さまざまな方の思いを注がれながら**「生か**

されている」ということになります。

普段、孤独を感じている方もおられると思いますが、気持ちを落ち着かせて、深くこれまでの自分自身の歩みを振り返ってみると、たった一人で生き抜いてきたと断言できる人はおそらくいないと思います。

いろいろな人や物との交わりを経て、誰しも今があるのです。

冷静に考えれば誰もが理解できると思いますが、忙しい日々の生活の中ではなかなか落ち着いて自分自身を振り返る時間がなく、周囲に心から感謝できるほどの思いを持つことができていないのが現実ではないでしょうか。

その結果、自分は孤独であると思い込んでしまう人もきっといるはずです。

しかし、**振り向けば、実は世の中は私たちを支えてくれている思いで溢れています。そうした意味では、誰も孤独ではないのです。**

毎朝目にする女の子とお母さんの光景は、いつもこの大切な事実を私に思い出させてくれます。

普段意識しない気持ちを改めて考えてみると、実は、**私たちはすでに幸せ者**なのかもしれませんね。

6 変わらない志や目的を持つこと

●再会によって甦る過去の記憶

先日、六年ぶりに留学していた思い出の深い地を訪問しました。偶然、海外出張の仕事でアメリカのマサチューセッツ州にあるボストンという街を訪問することになったのです。

しかし、よく考えると出張前に不思議なことがありました。出張する直前に、留学時代の友人の結婚披露宴に招待していただき、仲のよかった数人の友人と同じテーブルに座り再会していたのです。

皆、日本でそれぞれ仕事をしているのですが、国内外を飛び回っているためか、なかなか会うこともなく、数年ぶりの再会でした。おもしろいもので、旧友に会うと、その当時の頃にタイムスリップしたような感覚になり、思い出話に花が咲きました。

また、それから数日後、数年ぶりに留学時代の恩師の一人から突然メールがあり、来日しているので会わないかという連絡をもらいました。

私はすぐに返信し、その日に再会することになりました。食事をしながら近況報告をし、懐かしさと再会の嬉しさが入り混じった素敵な時間を過ごすことができました。

そしてボストンへ出張すると、少し自由時間があったので、留学していた大学を訪問しました。事前に連絡していたこともあり、現地で今もなお研究を続けている友人やお世話になった恩師と再会することができました。

それこそ六年ぶりの再会でした。こうして考えてみると、出張前から何か不思議なご縁で繋がっていたのかなと思わざるをえません。

そんな中、一人のアメリカ人の友人と夕食を共にすることになりました。彼とは寮が同じで、また研究していた内容も同じだったこともあり、よく一緒に勉強しては、議論をしながらお酒を飲むという、非常に親しい仲でした。

私が帰国してからは、ＳＮＳ等で連絡はいつでもできる状態でいつでも近況を知ることはできましたが、お互いの誕生日以外には連絡することはありませんでした。決して帰国して仲が悪くなったということではなく、お互いやるべきことがあり、いちいち何かある度に連絡する必要がなかっただけです。

六年ぶりの再会で少し緊張していたのですが、それは余計な心配でした。実際に再会すると六年という歳月は一瞬で埋まりました。

実際に会って同じ空間で時を過ごせるというのはまた格別なことです。文字、写真、映像だけでは知ることのできない生の情報が得られるからです。話をしていると、お互いを取り巻く環境の変化などはありましたが、根本的には何も変わっていないことに笑ってしまいました。

●ブレない志と目的が再会を呼び寄せる

彼と話をしているなかで、先ほど羅列した出張前の不思議な留学時代の友人や恩師との再会に一貫するものに気がつきました。それは**「変わらない志や目的」**です。

私が仲よくなった友人たちに共通することは、昔からブレない志や目的を持っていたことです。ときとして大きな壁や困難にぶつかり、挫折を感じることがあっても、根本的な志や目標を見失うことなく、それぞれの分野の研究生活をおくっていました。これが私たちの共通点でした。

そして、友人たちと再会し話してみると、それらは今でも変わらず彼らの指針となっていました。私はこの姿勢が再会をもたらしてくれたのではないのかと思うのです。

私は彼らの変わらない姿勢に懐かしさを感じ、改めて友人の存在を認識したのです。

再会とは、自分では思うようにコントロールできるものではありません。もちろん身近な方と約束を決めて会うということは容易なことかもしれませんが、実はそれも必ずしも絶対とはいえません。

私たちはいつ何が起こるかわからない現実の中で生活しています。また会うことを願ったとしても、距離や種々の事情がゆえに、そう簡単には叶わない再会もあります。そんな再会の実現を可能にしてくれる一つの要素として、ブレない志や目標があるのではないかと思うのです。

そして、**ここで大事なのは「自分自身も変わらず志と目標を見失わない」ということです。**偶然のすれ違い、まさかの遭遇というものは別として、**再会は一方通行の思いだけでは叶えることはできません。**

お互いの気持ちの対面通行があって初めて、遠く離れた人々や長年会っていない人々の再会を実現できると思うのです。

つまり、自分と同じだけ相手も願っていてくれたから再会が実現でき、だからこそ嬉しい気持ちが沸き上がってくるのです。

これは、実は身近な方々と会うということにも通じることです。別の言い方をすれば、**再会とは、ただ人に会うことを意味するのではなく「相手の思いや気持ち」を受け止めるということでもあるのです。**

「類は友を呼ぶ」という言葉があります。

これは、気の合う者や似通った者同士は自然と寄り集まるものだという意味ですが、私はこの「気の合う者」「似通った者」というものは、「相手の考え方が好き」「趣味が合う」というような意味だけではなく、**生き方としてブレない指針を持っていることを意味すると思うのです。**

それぞれの指針が共鳴し、相手への気持ちを育み、不思議な出会いや再会を実現させるのではないでしょうか。

普段、当然のようにたくさんの人々に会って生活している方々がほとんどだと思います。しかし、その中には相手が自分のことを思ってくれているからこそ実現しているものも少なくはないという視点を持って、一度周囲の人々との関係を振り返ってみて下さい。

すると、自然と暖かな気持ちが沸き上がり、今まで以上に周囲の人々に感謝する気持ちが芽生えると思います。そして、これはあなた自身が優しさに包まれる生活にも繋がります。**優しい気持ちは、周囲からの優しい気持ちを引き寄せます。**

日常生活のいたるところに自分を思ってくれる「気持ち」がちりばめられていることを発見する生活も、一つの幸せなのではないでしょうか。

第3章

〝気づき〟から学ぶことの尊さ

1 失った「心の余裕」の取り戻し方

●「感謝」という言葉と心のキャッチボール

先日、お盆のために地元山口県へ帰省したときのことです。あまりの暑さのためか、車が故障してしまい、ローカルバスを使って町の中心地へ行くことになりました。

その帰路で、プール帰りの小学生数人とバスで一緒になりました。バスの中では彼らは水泳道具の入った袋を抱え、みんなで楽しそうにおしゃべりをしていました。そんな様子を見ていると、昔の自分の姿を思い出し、とても懐かしい気持ちになりました。

私の地元は高齢化の進む過疎地域であり、実家はその過疎地域の中心地からさらに離れた場所にあります。
そのため小学校の時は、町から支給されたバスの定期券を片手に、六年間バスに揺られて通学していました。

バスの窓から、昔と変わらない田園風景を眺めながらそんな思い出に浸っていると、前方から子どもたちの大きな声が聞こえてきました。それは、**「ありがとうございました」**というバスの運転手さんへの挨拶でした。
私の家の最寄りのバス停に辿り着くまでに、乗っていた子どもたちはみんな降りて行きましたが、みんな一様に「ありがとうございました」と大きな声で挨拶して降りていきました。

私の地元のバスは、乗り口と降り口が一緒なので、降りるときにもバスの運転手さんの前を通ります。私も小学生のときは、バスに乗り降りするときには運転手さんに挨拶をしていました。仲のいい運転手さんのときは、ハイタッチなんかもしていました。

ほどなくして、最寄りのバス停に着きました。そしてバスを降りる前、私も久しぶりに運転手さんに**「ありがとうございました」**と口にしました。

すると**「お気をつけて」**という返答を頂きました。その言葉と心のキャッチボールで、とても気持ちよくバスを降り、帰宅することができました。

私は、地元を離れてもう約二十年近く経ちます。今は仕事の都合で、主に東京で暮らしていますが、現在ではバスに乗っても自分が何も口にしなくなっていることが、自分自身気になっていました。

自分の代わりに何かを言ってくれるのは、電子マネーカードから運賃を差し引いたことを「ピッ」と合図する機械の音です。しかし、少し意識してバスに乗ってみると、**実は多くの運転手さんは「ありがとうございます」とお辞儀までして話しかけてくださっているのです。**

これにお気づきの方、いらっしゃるでしょうか？

普段、バスに乗車できることが当たり前になっており、乗車前は仕事のことやバスから降りた後のことを考えて予定を組み、時間通りにバスが来なければイライラしたりする人も多いのではないでしょうか？

また、疲れた体を少しでも早く休ませたいと思い、バスが到着するなり急いでバスに乗り込み、我先にと脇目もふらず席取りに向かう人もいらっしゃいます。

もちろん皆さんそれぞれの事情があって、日々の生活に忙しくされていることは百も承知です。

しかし、いま一度少しだけでも冷静に考えてみて頂きたいことがあります。それは、バスの運転手さんのことです。

バスの運転手さんは、バスが時間通りにバス停に着くように、さまざまな状況を判断し、スピードを調節しながら運転されています。さらに、運転する前にはバスに故障がないかを念入りにチェックされています。

ときには事故や天候によって、予想外の渋滞に巻き込まれたり、バスが故障することもあるでしょう。それでも、バスを待つ利用者のために、最善を尽くして安全に運転されています。

そんなバスの運転手さんがいて、初めて私たちはバスを利用できるのです。冷静に考えれば当たり前のことですが、実際はこのことをすっかり忘れてしまっているというのが、私たちの姿ではないでしょうか？

「ありがとう」が心の余裕を取り戻す

よく「心」を「亡《な》くす」と書いて「忘れる」や「忙しい」と言いますが、まさに私

たちの姿を言い当てている気がします。

残念なことに、日々の忙しい生活の中で、全て自分を中心にして考える癖が身についているがゆえに、自分を取り巻く周囲の人々や環境について深く考え、受け止め、感謝する心を忘れている人々が多いように思います。

私がバスの中で聞いた子どもたちの「ありがとう」という大きな声は、「心の余裕」から生まれた穏やかな気持ちの表れなのです。

心に余裕があるから物事の表面だけではなく、その裏にある目には見えない繋がりを想像できたり、把握できたりします。

そうすると自然に「ありがとう」という言葉が口から溢れ、頭も下がるものだと思うのです。

皆さん、子どもの頃にはできていたのに、今はできていないことはありませんか？

それは「心の余裕」を持っているかどうかということです。これは物事に対して凝り固まった先入観もなく、素直で温かい心です。この「心の余裕」は、昔はみんな持っていたのではないでしょうか。

しかし、いつの間にかどこかに置き忘れてしまったのかもしれません。それではどこに置き忘れてしまったのでしょうか？

それは、皆さんの心の奥底です。

もし、もう一度この「心の余裕」を取り戻そうとするならば、ちょっとしたことでも勇気を出して、周囲の方に「ありがとう」という言葉を口にすることから始めてみましょう。

実際、私たちは周囲のたくさんの支えを基にして日々の生活をおくっています。中には目には見えないものもあります。

この事実を別の言い方で表現すると**「生かされている」**ということになります。**こ**

の世の中に何一つ「当たり前」のことなどないのです。

私たちは周囲の方々と持ちつ持たれつの助け合いの関係性にあります。本来ならばいつでも「ありがとう」という気持ちと言葉が飛び交うはずなのですが、現実はそうではありません。しかし、「ありがとう」という言葉を口にし続けることで、少しずつですが忘れていた「心の余裕」が蘇《よみがえ》ってきます。

すると、忘れていた人や物との繋がりが見えたり感じたりすることができ、自然と心が温かくなったり、一人ではないという安心感を持てるようになります。

子どもの頃のように、日常生活のさまざまな場所で、素直に「ありがとう」と口にできるというのも小さな幸せの一つなのかもしれません。

2 求めているものは実は近くにある

●老夫婦との出会い

気温もだいぶ下がり、季節が秋から冬に変わりつつある時期、私が楽しみにしていることの一つに紅葉狩りがあります。

山々の木々がファッションショーをするかのように葉の色を変え、赤色を中心としてさまざまな色のコントラストを作り上げる様子は、本当に素晴らしい自然の美しさの一つだと思います。

私もこの季節を毎年心待ちにしている一人なのですが、この紅葉の季節に必ず思い出すことがあります。

それは、私が学生時代にアメリカの首都ワシントンDCでホームステイをしていたときのことです。紅葉を眺めながらその思い出に浸るというのが、近年の私のルーティンです。

当時、アメリカに留学していた私は、長期の休みがあれば大きなリュック一つでアメリカを旅していました。あるとき、友人の紹介で、ワシントンDCの郊外の森の中に位置する知人の家に、約一週間ホームステイさせていただくことになりました。ちょうど季節は11月中旬を過ぎた頃だったと思います。

アメリカの東海岸には、日本と同じく紅葉の季節があり、日本とはまた違った色の鮮やかさが広がっていたことを今でも覚えています。

ホームステイ先には、当時八十歳の日本人のおじいさんと日系アメリカ人の奥様がいらっしゃいました。このおじいさんは、もともとは大阪出身で、五十年以上もアメリカに住み、アメリカ議会図書館のレファレンス局東洋部日本課にずっと勤務されていた方でした。

とっても優しい顔をされたおじいさんとおばあさんで、田舎でおばあちゃん子として育った私には、本当に嬉しく懐かしい時間で、心地のよいものでした。


基本的にはホームステイ先の家を拠点として、私はワシントンDC市内を観光して回ったり、勉強していた分野で有名な方が現地の大学にいらしたときは、面会したりしていましたが、必ず夕方には家に戻り、夕飯を一緒に食べるようにしていました。

また、何も予定のない時は、庭やガレージの掃除のお手伝いをしていました。


その老夫婦はとてもおしゃべりの好きなお二人で、おじいさんの昔話、二人の思い出など、毎日たくさんのお話をお聞かせ頂きました。

三人で話す時は英語を話していましたが、おじいさんと二人になると、おじいさんと私は日本語で話していました。

しかし、五十年以上もアメリカにいても方言は抜けないらしく、こてこての大阪弁でお話しされる姿に、思わず笑ってしまうこともありました。

●近すぎて見えないもの

ホームステイも明日で終わるという前日、おじいさんと庭掃除をすることになりました。家の辺りを見渡すと、紅葉で色づいた木々の葉が風に吹かれて揺れ、少しずつ葉も散り始めていたこともあり、庭の広範囲が葉で覆われていました。

落ちた葉っぱをかき集めていくと、葉っぱの下から青々とした芝生が顔を覗かせていました。

掃除もだいたい終わり、コーヒーを飲みながらひと息つくと、おじいさんと少し家の周りを散歩しようということになりました。

家の側にある山道を二人で静かに歩いていると、おじいさんが一本の大木の前に立ち止まり、私に「この木をあんたに紹介したかったんや」と呟かれました。

その理由を聞くと、二つあることを教えてくれました。

一つは、おじいさんはこの大木に、これまでにたくさんの相談をしてきたと説明してくれました。辛いとき、悔しいとき、誰にも言えない悩みをじっと聞いてくれたのがこの大木だったそうです。

おじいさんにとって、何よりも大切なものが**「心の拠り所」**である大木だったのです。その大切なものを、私に見せてくれたのです。

そしてもう一つの理由は、アメリカで勉強している私に伝えるべき、大切なことを教えるためでした。おじいさんは、大木を右手でさすりながら、ゆっくり話を始められました。


「最近の人はいろんなものに振り回されて、本当に大事なことを見つけ出す力を失っ

てるんとちゃうかな」「紅葉だってそうや。遠くまで見に行ったりする人もおるけど、この木一本からでも十分、秋は感じられるで」

これは、紅葉を求めて旅行することを否定しているのではなく、**大切なことや自分が求めているものは、遠くではなく、実は近くにもあるというメッセージだったのです。**

外へ外へと新しいものや答えを求めていた当時の私にとっては、足元を見直す大きな気づきのメッセージでした。

しかもこれは、全てを把握することは不可能なほど多大な情報が飛び交う現代社会に生き、突き動かされている私たちにとっても、立ち止まって冷静に自分を振り返るきっかけになりはしないでしょうか。

正直に言うと、一体自分が本当は何を求めて生きているのか分からなくなっている方が多いのではないかと思います。

結果的に、自分に問うというステップをないがしろにして、周りの風潮に合わせてしまい、不必要な心配をしたり体力を使ったりしているのが私たちの姿ではないでしょうか。

冷静に考えてみると、実は求めていたのは極めて単純なもので、そこまで必死にならなくても十分満足できることもたくさんあるはずです。

ひょっとしたら、それは想像していたよりも小さな幸せかもしれませんが、実はそれは一番価値あるもので、重たいものです。

遠くではなく、近くにある幸せを見つける練習をしましょう。

まずは、一本の木から秋を感じられる穏やかな精神状態を作ってみてはいかがでしょうか。**物事の見方が変われば、見ている世界も変わってきます。**

これもまた、小さな幸せを見つける方法の一つだと思います。

残念ながらおじいさんは、二〇一四年にお亡くなりになりました。しかし、秋が来るたびに私は、この大切な教えを噛みしめ、おじいさんのことを想うのです。

「おじいさん、ありがとうございました。また会いましょう」

3 声をかける勇気

●ほんのひと言

毎日の通勤の際、多くの方が鞄を持ち歩いておられると思います。私が乗車する電車やバスの中では、鞄を抱きかかえて座席に座っている人や、鞄を片手につり革に掴まっている人が大勢います。

もちろん私もその一人なのですが、私の場合はリュックを背負って出勤しています。もともとは鞄を持ち歩いていたのですが、あるとき仕事用の鞄には入らない荷物を持っていくことがあり、リュックに詰め込んで出勤しました。

そのとき、手に何も荷物を持たずに出勤できることがどれだけ快適か実感し、それ以来ずっとリュックを背負って出勤しています。

しかし、一つだけ問題があります。それは、お恥ずかしい話ですが、私はよく背負ったリュックの口が開いていることに気づかず歩いていることです。もちろん、わざと開けているわけではなく、最近なぜか気がついたらリュックの口が開いているのです。

電車に乗るときには、背後にいる方々の迷惑にならないようにリュックを背中から前にかけ直します。その度に、「また開いていた」と慌ててジッパーを閉め、リュックの口がほぼ全開の状態で背負って歩いていたと思うと恥ずかしくなります。

なぜ、開けた覚えもないのにリュックの口が開いているのか不思議でしたが、最近ようやくその原因が判明しました。

それは、もうすぐ二歳になる娘が、私が毎朝せかせかと出勤の準備をしている間にリュックで遊んでいたのです。出勤前はバタバタと準備をしており、娘がリュックについている複数のジッパーを開けたり閉めたりして遊んでいたことに気がつかなかったのです。そんなこととは知らず、私は毎朝、どこかのジッパーの口の開いたリュックを背負って出勤していました。

そんなある日、駅のホームで電車を待っていると、「カバンが開いていますよ」と声を掛けて下さった方がおられました。

「またか！」と恥ずかしさもありましたが、声を掛けてもらわなければ気がつかずにずっとそのままでいたであろう自分の姿を思うと、声を掛けて下さった方に心から感謝せずにはいられませんでした。

そして別の日、電車に乗っていると、リュックを背負った外国人の男性が一人乗車して来ました。その方は、私に背を向けるように私が座っている座席の反対側のつり革に掴まりました。

すると私は彼のリュックが開いたままになっていることに気がつきました。

リュックの口を開けたまま背負っていると、このように見えるのかと、いつもとは立場が逆の心境に新鮮さを感じつつ、私は彼の立場の気持ちも察することができ、見ず知らずの人でしたが勇気を出して後ろから声を掛けました。

「Your backpack is open.（リュックが開いていますよ）」と声を掛けると、「Oh, thank you!（ありがとうございます）」と笑顔で返答がありました。その笑顔のひと言に、私の気持ちは温かくなりました。

人を受け止める心

そのときふと思ったのが、私は一体いつから人に無関心になったのかということです。

例えば、小さい頃は、近所の方であろうと知らない人であろうと、道などですれ違ったときには挨拶をしていましたし、何か落とし物をされた方などがいれば、すぐに拾って渡したりできていました。

しかし、そんな他人に気軽に声を掛けることができていた自分が、今では「勇気を出して」という表現を使わなければならないほど、人に声を掛けるのに抵抗を感じるようになっているのです。

その理由を考えてみると、大きな理由の一つは、最近のニュースなどで目や耳にするさまざまな事件だと思います。全くの見ず知らずの他人が犠牲となる悲しい事件がたくさん起こっています。このようなニュースを頻繁に聞いていると、人との接触をできるだけ避けようと防衛措置を取るようになるのはごく自然なことでしょう。きっと多くの方も同じことをお考えになると思います。

しかし、私が懸念《けねん》するのは、この「人を避ける」という防衛行動や他人に先入観を持つことが行き過ぎると、逆に悲しい事件が増えるのではないかということです。

誰に対しても疑いの心を持つようになると、人は孤立せざるをえません。そして、疑いの心は人に伝わり、その疑いの心は他人からトゲトゲしいものになって自分に戻ってきます。

つまり、終わりのない疑いの心のパス回しになってしまい、最終的には自分に囚われ、相手を傷つけてしまうような悲しい事件へと発展してしまう可能性があると思うのです。

大切なのは、最初から他人を疑うのではなく、まずは自分から他人を受け入れることです。社会にはさまざまな人々が共存しています。そして、私たちは沢山の方と触れ合うなかで、いろいろなことを学びます。

その中には、危険を察知する力も含まれます。もちろん、どなたとも無防備に接すべきだといっているわけではありません。

しかし、心得ておくべきことは、基本的には私たちを傷つけようとしたり、事件を起こそうとする人は非常に少ないということです。

つまり、残念ながら、この少数の部分（マイノリティ）がかえって目立ってしまっているだけなのです。この目立った部分に囚われてしまい、私自身、**いつの間にか「人を避ける」という防衛本能だけがはたらいて、「人を受け止める」という大事なステップをスキップしていたようです。**

これはひょっとしたら多くの方も思い当たる節があるのではないでしょうか。

もう一度、子どもの頃のように「他人を受け止める」ことから考え直してみたいと思います。

すると先入観で狭めていた自分の視野がしだいに広がり、今まで忘れていた他人を気遣う気持ちが生まれてくると思うのです。

尖った気持ちには、尖った気持ちしか戻ってきません。

しかし、「他人を受けとめる」という柔らかな気持ちは、きっと巡りめぐって自分に戻ってくることでしょう。そして、実は大きく温かい社会に生かされていることに気がつくきっかけにもなると思います。

4 道端に咲く花

満足の追いかけっこ

連日の雨が止み、両手を空に突き出して思いっきり背伸びをしたくなる清々しい青空がビルの谷間に広がる早朝、通い慣れているいつもの通勤路を歩いていると、きれいに咲くマリーゴールドにふと目が止まりました。

色鮮やかに咲くマリーゴールドに心を奪われ、私は気がつくと花壇の前で立ち止まっていました。

そのマリーゴールドは、路地に並ぶビルの隙間に作られた簡素な花壇に植えられていました。そこは普段、なかなか人には気づかれない場所です。

実際、私は何年もその場所を通っていたにもかかわらず、そこに花壇があることに気がついたのは、これが初めてでした。

しかし、私が心奪われたのは、実はマリーゴールドそのものの美しさではなく、その場所で凛《りん》と咲くマリーゴールドのたたずまいでした。

自分の存在をアピールするような「我」を放つことはなく、薄暗いひっそりとした雰囲気の中にありながらも、しっかりと咲いているマリーゴールドに、私はあることを学び、元気をもらいました。

それは**「どんな場所でも、その場所で自分らしくあってよい」**ということでした。

今日、私たち人間は、他者からの目を気にしては余計な心配を募らせ、他者と比較してはトゲトゲしい競争心を駆り立て、終わりのない**「満足の追いかけっこ」**に苦しむ傾向にあります。

結果的に本当に自分の好きなことや言いたいことを主張できず、ストレスに満ちた疲れる生活をせざるを得なくなってしまっています。

例えば、最近はインターネットを通じて瞬時に大量の情報が手に入ります。おかげで世界中の知識を即座に手に入れることができるようになりました。私もこのテクノロジーの進化の恩恵にあずかっています。

しかし、そこにはネガティブな部分もあります。それは、**多すぎる情報に自身が振り回され、物事に対して「何が正しくて何が誤っているのか」が分からなくなってしまうことです。**

一つの物事に対して、多角的な視点からの情報を集めることは大切なことですが、本来比較参考にするべき情報を判断の全て（結論）だと思い込み、自分で物事を実際に見て考える習慣が薄れ、**自己判断能力が衰えている**方も多いように思います。

結果的に、多すぎる情報を消化できず、何を信じればよいのか混乱されている方も多いのだと思います。

また、友人や同僚をはじめ周りの人々の資産やステータスと自分を比較し、どうしても自分が劣っていることが受け入れ難く、見栄を張って高価な物や不必要な物を購入される方もいます。

これだけならまだ自分の問題で済むのですが、なかには妬《ねた》みの心をもち、ありもしない情報を発信したり嫌がらせをすることで、他の足を引っ張ろうとする方もいます。

これは、負の連鎖を引き起こす苦しみの基です。

今挙げた二つの例をよく考えてみると、これらは自分で自分の首を絞めているということがわかります。

本来苦しまなくてもよいことで苦しんでいるのが、私たちの姿なのではないでしょうか。本当に心を落ち着かせ、改めて自分の姿を見てみると、実はかわいらしくて「クスッ」と笑ってしまいませんか？

●道端の花から学ぶこと

そんな私たちの姿とは対象的に、マリーゴールドは置かれた場所で何の不満や心配を持つこともなく、ただ一生懸命に咲いていていました。

このマリーゴールドが物語っていることは**「私たちは特に気張って背伸びをしたり、自分の存在をアピールしなくても、自分にできることをきちんとしていれば、見てくれる人はちゃんといて、ときとして人に感動を与えることだってできる」**ということです。

「人目を気にする必要はないよ」というメッセージだと、私は感じ取りました。

人はそれぞれ生まれも育ちも異なるように、一人ひとり異なる環境の中で生活しています。そして、人それぞれが置かれた環境には、目で見ることも体感することもできない**「無量の繋がりの歴史」**があります。

それを他人と比較して無理に環境を変えようとすれば、とても体力を消耗することになってしまいます。

また、見落としがちなのは、外見上は他の人のほうがよく見えても、実はその方々の内情は複雑な家庭環境や人間関係の問題などで苦しんでいることも少なくはありません。

大切なのは、人と比較することではありません。自分の置かれた環境で自分にしかできない行動や考え方に沿った生き方をすることなのです。

その中で人は輝きを放つのではないでしょうか。ある意味、これは「幸せ」と呼んでいいと思います。

それは、ひょっとしたら周りの人からは評価されないかもしれません。

しかし、自分にとっては価値をつけることなどできないほど大切なものです。そうした「幸せ」は、他人と比較したり競い合って手にできるもの、つまり自分の外側にあるものではありません。これらは全て自分の内側にあります。

外側にあるものには限りがありますが、内側にある「幸せ」の数は無限です。

これをひと言でいうと、「少欲知足《しょうよくちそく》」ということになります。

これは、「欲を少なくして足《たる》を知る」と読み、実は自分が生活するうえではすでに十分に必要なものは備わっているということに気づき、今の置かれたその状況を大切にすることを意味します。

心穏やかに考えればいたって当たり前のことですが、これを忘れがちなのが私たち人間です。それは、どうしても「我欲」に囚われた「計算（はからい）」の心が働いてしまうからです。

しかし、この自分の姿をきちんと受け止めて、反省しては軌道修正をするということを繰り返しながら生活することで、少しずつですが人は変容していきます。

それは、今まで目を向けなかったことに目を向けられるようになったり、別の視点で物事を考えられるようになれたり、さまざまです。

これが人と比較して得られる「はかない幸せ」とは真逆の、**自分の内側に秘められている、小さなものですが「消えない幸せ」の見つけ方です。**

つまりマリーゴールドも、自分らしく、ただ置かれた場所で一生懸命に咲いているだけなのです。普段、私たちは相手のことを考えず、自分を中心として物事を考えがちです。

しかし、相手の立場から物事を考えられるようになると、相手を受け止められる大きな心を育むことができます。すると結果的に、優しく温かい心が生まれます。

これも小さな幸せの一つなのかもしれません。

5　夜空を見上げれば

忘れていた宇宙の中の自分

先日、あるご縁で、知人と神奈川県内のプラネタリウムで解説員をされている方の講演を聞く機会がありました。

その解説員の方は本当に星が大好きなのでしょう。九十分間、星々の美しさ、宇宙の不思議さなどを熱弁されていました。

星と聞いて、多くの方が思い出されることの中に、一九九九年や二〇〇一年のしし座流星群があるのではないでしょうか。当時私は学生でしたが、友人たちと山に登って夜空を見上げたことを覚えています。

ちなみに二〇一七年の十一月も記憶に新しいとは思いますが、次回のしし座流星群の極大夜（最も多く星が見られる夜）は、二〇二三年〜二〇二五年の間と予測されているそうです。

講演後、知人と近くの喫茶店でコーヒーを飲むことになりました。すると、知人は昔よく見た夜空の話をしはじめました。

実は、知人は私より二十歳近く年上の方でしたが、幼い頃にご両親にプラネタリウムに連れていってもらったときに星々の魅力を感じ、その帰りに両親に駄々《だだ》をこねて望遠鏡を買ってもらい、嬉しさのあまり毎晩望遠鏡を覗き込んで東京の夜空で輝く星々を見ていたことなど、まるで子どもの頃に戻ったように活き活きとした様子で語ってくれました。

普段あまり感情を表に出すこともなく、口数も少ない知人の変容ぶりが可愛いらしく、また意外な一面を見て思わず笑ってしまいました。

そんな中、私も幼い頃にはよく夜空を見ていたことを思い出しました。私は、山口県の中でも特に山々に囲まれた徳地という田舎の町で生まれ育ったこともあり、広大な満天に輝く星々を望遠鏡など使わずに、肉眼で見ることができました。

そのため、私にとっては流れ星を見るというのも、特別なことではありませんでした。特に今のような寒い冬の空では、一段と星々が美しく輝いていました。

しかし、もう久しく夜空をゆっくりと見つめるようなことをしていない自分に気がつきました。

そんなこともあって、年末、実家に妻と娘を連れて帰省した際、夜空を見ようと誘い出しました。外は外灯もないので真っ暗です。しかし、空は一面に星々がちりばめられて一つひとつが輝いていました。

私に抱き抱えられていた娘は、まだ言葉が話せないのですが、星々を指しては「あっ」「あっ」「あっ」と口にしては、私の顔を振り返っていました。

しばらくの間、じっと星空を見つめていると、本当に手で星を掴めそうな感覚になりました。そして、自分が大いなるものに包まれ、星空と一体化しているような不思議な感覚を覚えました。

同時に、**大きな世界、宇宙の中に自分が存在することを忘れていたことに気がつきました。**すると、肩の力がスッと抜け、それまで悩んでいたことなど、なんだか全てがちっぽけなことに感じ、**今自分がこうして生かされていることに感謝の気持ちが湧いてきたのです。**

横では、まったく異なる場所で生まれ育った妻が一緒に夜空を見上げ、私の腕の中には不思議なご縁で生まれた娘がいます。この状況に感謝せざるを得ませんでした。夜空の星々に大切なことを思い出させてもらった気がしました。

●縦長・横長の長方形の視野を超えた世界

日常を振り返ってみると、私の視野はほとんどが小さな縦長・横長の長方形の面積でしかない気がします。

通勤電車の中では、スマートフォンでニュースを読むか、読書。職場では、ほとんどの時間がパソコンのスクリーンとにらめっこ。周りを見ることなど、ほとんどありません。

よく考えてみると、下を向いて縦長・横長の長方形という限定された面積ばかり見つめる視野を超えて、顔を上げ、胸を張り、広い景色を見るのは、一日で本当に僅かな時間でしかないことに驚きます。

しかし、実際これは多くの方々も同じなのではないでしょうか。

このような生活をしていれば、本来の世界の大きさを忘れてしまうのも無理はありません。

しかし、私たちの周りや頭の上には広大な空間が広がっているにもかかわらず、なぜわざわざ視野を狭めてしまっているのでしょうか。

おそらく、その原因は**インターネットの利用によって引き起こされた錯覚です。**

今日、私たちの生活においてインターネットはなくてはならないものになっています。このインターネットの世界は、入口こそ狭い長方形の形をしていますが、その中は無限に広がるものです。

確かに有用な情報を入手することもできますが、これはあくまでも生活を便利にする一つの人工的な道具です。それ故、誤った内容も多々あります。

その意味では正しい内容だけを収集するならば、**インターネットの世界は意外と狭い世界**となります。

そもそもインターネットの中が私たちの生きる場所ではないのです。

それにもかかわらず、インターネットの情報が全てだと錯覚し、のめり込んでしまっている人々が大勢いる気がします。

例えば、大量の情報に呑み込まれ、何も考えることなく他人を批判したり、自分と他人を比較しては優劣をつけて苦しんでいる人々もいます。

私たちは、下を向いて見る人工的な狭い世界で繋がっているのではなく、上を向いて見える空のような広大な世界で繋がっているのです。

本来、何かに縛られる必要もないのです。

話が少し飛躍しますが、きっと宇宙から地球にいる私たちを見れば、みんな地球上の点にしか見えないでしょう。

私は、人間一人ひとりがちっぽけな自分中心の価値観を中心とした世界観など捨て、みんな「宇宙から見たら点の存在」と考えられるようになれば、**「みんな同じ地球に**

暮らす人間なんだ」という共同体意識も芽生え、現在のような無益な価値観のぶつけ合いや争いごとも、少なくなるのではないかと思うのです。

大切なのは、視野を拡げることです。

まずは、下ばかり見ずに顔を上げてみましょう。そして、できれば、見通しのよい場所で空を見上げてみて下さい。

あなたの目に映る空の広さが、本来の私たちの生きる世界です。広い世界に生かされていると思うと、気持ちにも少しゆとりができるのではないでしょうか?

この本来の生きる世界に気がつけるというのも、幸せの一つかもしれません。

みなさんにこの言葉を贈りたいと思います。

「順境のときは足元を、逆境のときは星空を」

6　掃除とは自分の心を洗うこと

●掃除を日課にすると変わること

私は朝の出勤前に、必ず部屋にさっと掃除機をかけるというのが日課の一つになっています。だからといって、私は元々掃除好き、きれい好きというわけではありません。発端は娘の部屋荒らしです。

私には、もうすぐ二歳になる食欲旺盛、元気ハツラツな娘がいるのですが、よく食べ物を持って家の中を走り回り、好物のおせんべいやお菓子などをポロポロと落とします。そのせいで、掃除機をかけないとフロアがザラザラして気持ちが悪いのです。

もちろん出勤前はバタバタするので、本格的に掃除機をかけることはできませんが、目と手の届く範囲をハンディタイプの掃除機でサッと掃除をします。時間にしてものの十分程度です。

当初は、「出勤前に仕事が増えてしまった」「腰が痛い」などと思い、仕方なくやっていたのですが、次第に掃除機をかけないと気持ちがわるくなり、今では毎朝の習慣になっています。というよりも、毎朝の掃除が楽しいのです。

私の持っているハンディタイプの掃除機は、吸い取ったゴミが見えるようになっており、どうすれば一日でこんなに家にゴミが溜まるのか不思議に思いながらも、楽しく掃除機をかけています。

そして、気分が乗ってくると、ソファーの下や、部屋を走り回る娘の足音を和らげる防音対策として敷いているマットの裏など、ひっくり返して掃除したりします。

平日は時間も限られているので、ある程度の掃除しかできないのですが、「もうちょっと」「ここだけ」「あそこも」という気持ちが止まらず、気がついたら出勤する時間を過ぎていて、慌てて家を出るということもたまにあります。

しかし、この習慣が私にとっては、とても気持ちのよいものなのです。それは、掃除をしていると、自分の曇った目を洗っているような気分にもなるからです。

使用している掃除機はハンディタイプなので、床に膝をつけることになります。床を雑巾で拭いているようなポーズになります。これが、日常生活において姿勢を低くすることなどあまりない私に、いろいろなことを教えてくれるのです。

例えば、ソファーの下やテレビ台の下に娘のおもちゃが転がっていたり、部屋の隅に設置してある大きな観葉植物の枝と枝の間に人形が挟まっていたり、不思議なことを発見すると同時に、娘の行動や世界を学び、楽しくなるのです。

そして、昔は自分も娘と同じような視点で物事を見ていたのであろうと想像しながら、**自然と今の自分の価値観や出所もわからない常識というものを見直すことができるのです。**

また、ただ無言で掃除機をかけるという単純作業によって、集中力も高まります。家を出る頃には頭もシャキッとしています。おかげで朝から仕事がはかどります。部屋は綺麗になり、気持ちもすっきりし、副次的な効果で妻からも喜ばれるという状況を作り出してくれている娘には、感謝しなければなりません。

掃除は「心の掃除」であり「気づき」でもある

日々の生活において、私たちはさまざまな掃除をします。食器洗い、トイレ、お風呂掃除なども欠かせない掃除の一つでしょう。しかし、これらの掃除を毎日集中してされている人はどれくらいおられるでしょうか。

おそらく、「仕方ない」という思いで嫌々ながらやられている方が多いのではないかと思います。

私は、本来、掃除とはただ物事を綺麗に整えることだけではなく、己の「心の掃除」にも繋がっていると思うのです。

実は掃除のときに生まれる単純な動作に集中することで辿り着ける心境があります。それは、昨今よく耳にする「マインドフルネス（Mindfulness）」というものです。たいていの場合は、瞑想を通して辿り着くものとされていますが、実は瞑想だけが手段ではありません。マインドフルネスの心境に到るには集中力を高める必要があり、その一番簡単な方法が瞑想というだけで、他にも手段は多々あるのです。

西洋では、この「マインドフルネス」という言葉は、「ベアード・アテンション（Bared Attention）」と表現されることもあります。これは、言葉通りに訳すと「裸の注意（気づき）」となります。

つまり、**自分の思い込みなどによる偏見に囚われず、物事をありのままに見ることができる心の境地です。**

私は、集中して掃除をすることは、普段気がつかないところに目を向けさせてくれる大切な時間だと思うのです。自ずと集中力が高まり、意識が研ぎ澄まされ、いつもなら何気なく見過ごしていることに気がつくことができるようになります。これがまさに「マインドフルネス」もしくは「ベアード・アテンション」の境地です。

そうすると、ハッとさせられ、自分を振り返ることができるのです。

掃除とは、「心の掃除」なのです。そして、掃除が終わってみれば、落ち着いた心と一緒に綺麗な環境が整えられているのです。

しかし、これは一時的なものです。部屋が汚れるように、やはり私たちの心や物の見方も荒れたり、歪曲してしまいます。**だからこそ、毎日の掃除を繰り返すことが必要になるのです。**

ぜひ皆さんも、僅かな時間で構いません。何か一つ集中して掃除する習慣を作ってみましょう。この習慣は、きっと私たちの穏やかな生活に結びつくはずです。

第4章

自分らしく生きるという意味

1 自分らしく、強く生きる大切さ

●できるようになる不思議

先日、久しぶりに妻と娘と三人で電車に乗り、少し遠くへ出かけることがありました。近所なら大きな問題もないのですが、まだ小さな娘を連れて電車で遠出するのは大変なことです。

じっとしていられず騒ぎ立てる娘に加え、ベビーカーをはじめ何かのときのために備えた娘の物など、大荷物を持って移動しなければならないからです。

そんな中、どうにか目的地の駅に辿り着き、ホームから下の改札階へ移動するためにエレベーターへ向かいました。すると、私たちと同じように小さな子どもを連れて大荷物を持った家族の方々がずらっと並び、長い行列ができていました。

その光景を見た妻は、「階段で降りよう」と口にし、さっと重たい荷物を肩に掛け、ベビーカーをたたみ、両手で持ち上げてスタスタと階段を降りはじめました。

私は娘を抱きかかえながら、先に階段を降りていく妻の姿を見て、思わず「強くなったなぁ」と口にしました。

私の妻は、比較的きゃしゃな体格で、重い荷物を軽々と運べるような力はありません。しかし、私が目にしたのは信じがたい情景でした。子どもを授かる前の妻であれば、おそらく難しかったことです。

きっと子育てをする中で、母としての自覚、娘への愛、筋力をはじめとする、さまざまなものが培われたのだろうと思いました。まさに、人間の成長や変化を感じた瞬間でした。

それと同時に、私は何とも表現できない嬉しさを感じました。

これまでできなかったことができるようになるというのは、素晴らしいことです。そして、これは誰もが手にできるものです。

例えば、私自身の過去をさかのぼってみれば、できなかった鉄棒の逆上がり、乗れなかった自転車、なかなか覚えることができなかった掛け算など、できなかったことができるようになったときの嬉しさは、とても大きなものだったと思います。

最近のことで言うと、英語です。現在、私は翻訳を中心とした英語を使った仕事をしていますが、当然、最初から英語が使いこなせたわけではありません。

今から十年前にアメリカへ留学したのですが、当初は発音もひどく、渡航中の飛行機の中でフライトアテンダント（客室乗務員）の方に「Water please」を「ウォーター・プリーズ」とまさにカタカナをそのまま読むように発音し、まったく理解されず、これからの留学生活にひどく不安を覚えたことを今でも覚えています。

そんな私は毎日、その日に出逢ったわからない英単語を書き留めておいて、寝る前に覚えるまで雑記帳などに書き続けるという取り組みを、何年も続けました。

その結果、今ではある程度の読み物は辞書なしに読めるようになりました。今思うと本当に不思議です。

しかし、最近では仕事の忙しさを言い訳にして、この努力を怠っています。その分、「わかるようになった！」と感動することがなくなった気がします。

「慣れ」というのは怖いものです。できなかったことができるようになったことに、あれだけ感動していたのに、いつの間にかそれが当たり前になり、何も感じなくなっているのです。

しかし、この「慣れ」というのは悪いことばかりではありません。なぜならば、「慣れ」というのは、新たな能力を手に入れるステップにも繋がるからです。

しかし、忘れてはならないのは、私たちは、一人ひとりできなかったことができるようになることを繰り返して、今に至っているということです。

私たちはみんな素晴らしい力を持っているのです。

自分の中にある幸せの見つけ方

よく、「なんだか人生がパッとしない」「生活に刺激がない」「充実感がない」ということを口にされる人がいますが、その方々の多くは周囲の人と自分を比較し、自分に劣等感を覚えているとおっしゃいます。

しかし、**実はこれは幻想の中でもがいている状況なのです。**

今日《こんにち》、SNSでは、多くの情報が溢れています。その中には、周囲の人々の私生活の様子を写した写真も含まれます。これらを執拗に見ることによって、「他の人は幸せそうだ」「羨ましい」などという幻想が生まれます。

例えば、写真などに映し出されているものは表面的な部分でしかなく、実際にそれらを掲載される方の内情や、本当のことが反映されていることはほとんどありません。

写真の裏側にあるのは「自分をよく見せたい」「注目が欲しい」というような「計算（はからい）」の気持ちです。ある意味、いろいろなものがカモフラージュされた写真に妄想を膨らませて、勝手に自分に劣等感を感じ、自分で自分の首を絞めているという方が多いように思います。SNSが悪いとは言いません。これはさまざまな情報を即座に入手できる素晴らしい技術です。

しかし、その技術はあくまでも手段（ツール）であり、私たちの生活そのものではありません。そこには私たちの「幸せ」などありません。あるのは、一時的ではかない自己満足感だけです。

いち早くこのことを理解し、幻想から抜け出してみませんか？

そのためにも、日々の生活の中であなたが「今できない」と思って放っていることに挑戦してみてはいかがでしょうか。

きっと最初は上手くいかなかったり、努力も必要になり、もどかしい思いをすることもあるかもしれません。

しかし、**気がつけばそれがそのまま喜びになります。**できなかったことができるようになった感覚をもう一度手にしてみて下さい。

そして、その姿は自分だけに変化をもたらすのではなく、ときに人を感動させることもあります。つい最近ですが、私の娘が初めて言葉をしゃべりました。その言葉は「どうと（ぞ）」でした。不思議と涙がこぼれました。

「幸せ」というのは、何が本当で何が嘘なのかわからない情報の中にあるのではなく、確かな自分の考え方、生き方、生活の中にあるのではないでしょうか。

2 素直に謝ることの大切さ

●「ごめんね」のひと言

先日、ちょっとしたことで妻と口げんかをすることになりました。口げんかの発端は本当に些細なことでしたが、お互いに謝ることを拒み続けていたら、気がつくと、口論の中に過去の話や本題とは関係のないことが飛び出し、結果的に当初とはまったく関係のない内容の夫婦げんかとなっていました。

このことに気がついた私は、この状況がなんだか可笑《おか》しくなってしまいました。そして、これでは永遠に終わらず、無駄な体力と時間を使うだけだと思い、勇気を振り絞って「ごめんなさい」と口にしました。

正直に言うと、ほとんど自分自身に非があるとは思っていませんでしたが、とりあえず自分に非があることを断腸の思いで認め、妻に謝りました。

すると、妻も少しずつ落ち着きを取り戻し、彼女自身の言動を反省するようになりました。そして、自分には非はほとんどないと思っていた私自身も、自分に問題があったのではということで反省するようになり、その結果、お互いが本当の気持ちで謝り、けんかは終わりました。

お互いが謝り、また笑顔でいつものように会話ができるようになったとき、私はとても安堵し、何とも言えない解放感に包まれました。そして、もっと早く謝っていれば、こんなに疲れることもなかっただろうと後悔しました。

しかし実際、このけんかを完全に終結できたのは、口げんかが起こったその日ではなく、それから数日後でした。

その間、お互いトゲトゲしい言動をとり、疲れる生活をしていたのです。しかし、

「平穏な生活」がいかに素晴らしいものかを感じた出来事でした。

仲直りした数日後、土曜日ということもあって、朝から家の近くにある公園へ娘と遊びに行きました。公園ではたくさんの子どもが遊んでいました。

私は娘と砂場で遊ぶことにしました。砂場には、お母さんが見守る中、幼稚園児くらいの兄弟が二人で遊んでいましたが、娘もその中に混ぜてもらい楽しく遊んでもらいました。

しばらくすると、砂場遊び用のおもちゃの取り合いで兄弟げんかが始まりました。力の強いお兄ちゃんがおもちゃを弟くんから取り上げ、独り占めしてしまったのです。弟くんは、悲しくて泣いていたのですが、そのうちに怒って、砂場の砂を右手で掴み、お兄ちゃんにめがけて投げつけました。

すると、今度はお兄ちゃんが泣き出しました。二人をなだめながらも、お互いの行為に対して怒るお母さんも大変そうでした。

そんな中、お兄ちゃんが泣きながら「ごめんね」と弟くんに言いました。すると、弟は「いいよ」と泣きながら返答し、お兄ちゃんの頭についた砂を払い、「お兄ちゃん、ごめんね」と口にしました。そして、二人はまた仲よく遊び始めたのです。

そんな二人を見届けて、私と娘は昼食のために砂場を後にしました。そして、帰宅しながら、二人の兄弟の素直な「ごめんね」という言葉のキャッチボールが、自分とはあまりに対照的で感心していました。

そして、ふと思ったのが**「なぜ、あんなに素直に謝ることができるのだろう」「なぜ自分は素直に謝ることができないのだろう」**ということでした。

●「ものさし」の解体

よく考えてみると、私は幼い頃は友達とけんかをしても、あの兄弟のように何の戸惑いもなく素直に謝り、すぐに仲直りや物事の修復ができていたはずなのです。しかし成長するにつれて、素直に「ごめんなさい」というひと言を口にするのが難しくなったような気がします。

これは、ひょっとしたら私だけではなく、多くの方にも共通することではないでしょうか。

しかし、どうして、昔は素直に謝ることができたのに、今はできないのでしょうか。**素直に「ごめん」と謝ることができたら、どんなに日々の生活が楽になることでしょうか。**

その理由の一つは**「自分だけに好都合なものさし」で物事を見てしまうから**だと私は思います。私たちは、これまで生活してきた中で、楽しいこと、嫌なこと、嬉しいこと、悲しいことなど、さまざまな経験をしてきたはずです。

その中で自分にとって好都合となる判断の仕方を試行錯誤して学んできたはずです。

これは、素晴らしい能力です。

しかし、**別の言い方をすれば、自分をどこまでも中心として考える「ものさし」の構築でもあるのです。つまり、「我《が》執《しゅう》の増大」です。**


だからこそ、何か問題が生じたとき、多くの人はまず自分を守る選択をし、自分に非があったとしても、相手に非があると思い込み、それを貫き通そうとするのです。

そこには、きっと薄っぺらなプライド、意地などが入り交じっていることでしょう。これが素直に謝るということを妨害しているのです。**結局、私たちは自分で自分の首を絞める癖を身につけてしまったのかもしれません。**


しかし、けんかをしたとき、素直に謝ると気持ちが晴れ、とても気持ちよくなる感覚は誰もが知っているはずです。

実は、これが本来、私たちのあるべき姿なのです。**私たちは本来いつでも晴れやかな気持ちで生活できるのです。**もちろんときとして、けんかをしてしまい穏やかではいられなくなることもあるでしょう。しかし、そのときは素直に謝ればよいのです。

この世の中に完璧な人などいません。それは、私も皆さんも同じです。もし、今後、誰かとけんかをするようなことがあったときは、相手に絶対的に非があるのではなく、自分にも原因があるという考え方をしてみましょう。

実際、気がつかなかっただけで、自分にも必ず非があるものなのです。

これが**「自分だけに好都合なものさし」**を解体し、あの兄弟のように晴れやかですっきりした気持ちで生活するための第一歩になるでしょう。

3　人目につかない仕事

●朝の挨拶

毎朝の出勤時、職場の最寄り駅から職場の机に座るまでに、私は必ず決まった二人の方に「おはようございます」と挨拶《あいさつ》をします。

一人は、職場のビルの一階ロビーの入口で、一人ひとりに大きな声で挨拶される守衛のおじさんです。もう一人は、必ずエレベーターで一緒になるビル内を掃除されているおじさんです。

かれこれ何年もほぼ毎日お二人に挨拶していますが、私はどちらの方のお名前も知りません。しかし、お互い必ず笑顔で挨拶し、ときには「今日はいい天気ですね」

「散髪しました?」「今日はスッキリした顔をしていますね」など、ちょっとしたひと言を加え、会話することもあります。

この二人に挨拶をすると、どんなに働く気が起こらない日も、姿勢を正されます。私はだいたい、少し早めの七時半過ぎに職場に着くのですが、二人は私が出勤する数時間も前から働きはじめておられ、いつもビシッとされています。

夏場など、ビル内を掃除するおじさんは、すでに汗だくになってフロアのモップかけや拭き掃除をされています。

そんな姿を目にすると、寝不足や前日の疲れもあって気だるくボーッとしながら出社していても、目が覚めます。

朝、職場に入ると、だいたい私が一番乗りなのですが、静寂かつ清浄な雰囲気とちょっとした緊張感が漂っています。それは、職場が綺麗に掃除されたばかりの状況が創り出す素晴らしいひとときです。

その中で自分の机に座ると、自然と「今日もやるぞ」という気持ちになります。朝早くから自分の知らないところで、私を含むこれからビルを使用する名も知らない多くの職員のために必死に働かれている方のことを思うと、いつも私が職場で気持ちよく仕事ができるのは、この方々のおかげなのだなと痛感します。

ある意味、整えられた環境で働かせて「いただいている」という気持ちになり、自然と背筋が伸びるのです。

しかし、ふと別の場所に目を向けてみると、**実は同じように私がいつも通りに生活できるように整えられている環境が、いたるところにあることに気がつきます。**

例えば、私が毎朝何気なく歩いている歩道。よく思い出してみれば、たまにゴミがポロッと落ちていることがありますが、普段綺麗だからこそ余計にゴミが落ちていると目立ってしまうのでしょう。基本的にはいつも綺麗な状態です。

また、いつも通り過ぎている道の脇の花壇には、草が生えているところを見たことがありません。季節ごとにさまざまな花が植えられ、いつも綺麗に花を咲かせています。おかげで気持ちよく出勤できます。

想像を超えたつながり

ここで、ちょっとした珍エピソードをご紹介致します。ある日の朝、出勤していると空から水滴が頭に落ちてきました。「雨かな？」と思って、右手の掌を返して空を見上げると、なんと手のひらに、ポトッと鳥の糞が落ちてきました。

こんなことが起こるとは思ってもおらず、慌てて近くにあった公衆トイレに駆け込みました。手を洗ってひと安心していると、あることに気がつきました。それは床のタイルなどが、水拭きの跡も綺麗に掃除されていたのです。

ここでも、掃除をされた名も知らない方のおかげで、気持ちよくトイレを利用することができました。

これまで例に挙げたことは、全てどなたかが朝早くから作業をして下さったおかげなのです。普段なかなか考えることはありませんでしたが、**実はたくさんの方々の働きの結晶が、私の目にする景色だったのです。**

私が当然だと思っている日常生活は、見たことも聞いたこともない人々によって支えられ、整えられているのです。

これは私だけのことではなく、誰もが同じです。**私たちの何気ない日常の一つひとつの風景は、想像を超えるほど自分とは遠い関係の方々や物事による基盤の上に成り立っているのです。**

しかし、ここで気づくべき大切なことは、私たち自身も誰かの支えとなって、誰かの生活を円滑にするための整備をしているということです。

無数の人々や物事の支えの結晶を手にする私たちは、その結晶を手にして行動した途端、それは名前も顔も知らない人々が手にする支えの結晶へと変わるのです。

簡単に言えば、結晶のバトンのリレーです。

分かりやすいたとえが、普段、意味のないことだと思って仕事をしていても、実は誰かの役に立ち、感謝されることもあるということです。そして、私たちがその仕事をどう思おうと、それとは無関係に私たちが仕事をできるように環境を作ってくださっている人々も大勢いるということです。

これは社会の構図でもあります。直接目には見えず、体感することが難しいことだらけですが、私たちの社会というものは、想像を超えた繋がりで成り立っているのです。知っている周囲の人々だけではなく、不特定多数の人々が自分のためにさまざまなことをして下さっているのです。

この現実を本当に理解したとき、生まれてくる想いは「感謝」や「温かさ」なのではないでしょうか。そして、同時に自分も誰かに影響を与える存在であると思うと、自分の行動にも責任を感じるようになります。

日常生活において、人々が持つ責務はそれぞれ異なりますが、重さは一緒です。自

分に課せられた責務を全うすることほど、尊いことはありません。この考え方は、皆でこの社会を生きているという「共生」の思いを育んでくれる気もします。「共生」の思いは、自分や他人を自然と優しくしてくれます。

まずは、普段当たり前と思っていることに「ありがとう」を言うことから始めてみましょう。きっとそれが入口となって、次々と温かい気持ちが生まれてくるでしょう。そのとき、私たちの日常は決して冷たいものではないと気がつくことができるでしょう。

私は毎朝、顔を洗ったらテーブルにコーヒーを置いてくれる妻に「ありがとう」を言うことから始めたいと思います。皆さんも一緒に、身近なことから始めてみませんか？

4 手の温もりから心の温もりへ

●手を繋ぐことで感じる安心

昨年の冬、十数年来の仲の友人がアメリカから初めて来日しました。私と彼は二十歳ほど歳が離れていましたが、一緒にアメリカの大学院で勉強し、苦楽を共にした学友です。

歳上の彼からは英語はもちろん、アメリカでの生活の仕方など、いろいろなことを教えてもらい、精神的にも本当に助けてもらいました。

そんな彼と久しぶりに再会できて興奮し抱きついて挨拶していると、彼の横に中学生くらいの女の子がいることに気がつきました。

彼は、娘さんを一緒に連れて来ていました。もちろん彼女も日本は初めてです。私は、彼に小さな娘さんがいたことに驚きましたが、せっかく遠いところから来てくれたのだからということで、二人の観光案内をさせてもらいました。

都内の寺社仏閣や定番の観光スポットなど、ワイワイ話をしながら、さまざまな場所を歩きました。

しかし、途中で、娘さんが時差ボケの影響や慣れない生活環境もあってか、具合を悪くし、突然泣き出してしまいました。そして、歩くことができなくなりました。

そんな娘さんの姿を見て、友人はそっと彼女を自分の身体に引き寄せて抱き、しばらく何も言わず手を握っていました。すると、彼女は友人に身体を寄せながら一緒に歩き始めました。

私はその光景を目にし、彼の父としての優しさに心が温かくなりました。きっと彼女は彼の手の温もりから、私以上に温かさを感じ、また**自分を委ねることのできる「安心」を得たのだろうと思います。**

このお互いが寄り添う愛に包まれた様子に、私は冬の寒さを忘れていました。

また、つい最近のことですが、これは山口県の実家に帰省したときのことです。夕方、川の土手を犬と散歩していると、手をつないでゆっくりと歩きながらおしゃべりしている老夫婦に会いました。

この老夫婦は、近所に住む二人で、小さな頃からお世話になっている方々です。日頃、私は東京に身を置いているので、相手も久しぶりに会った私に驚き、しばらく立ち止まってお話をしました。

お話をしているときは手を離されていましたが、「それでは」とお互い深々と頭を下げて失礼すると、また手をつながれて歩き始められました。

私は、そんな微笑ましい二人の姿を見て、深い絆で繋がりを持って、**お互いを支えあって生活されている**のだなと感じ、心が温かくなりました。

きっと、ご本人たちも、手を繋ぐことを通して**お互いが「委ね合っていること」を実感し、大いなる「安心」を得ておられる**のだろうと感じたのです。

心の温もり

気温の変化が激しい時期は、エアコンやヒーターなどの電化製品が欠かせなくなります。現代の生活は便利なもので、冷暖房を快適な温度に設定し、リモコンのスイッチを押し、しばらくすれば部屋は寒くても暖かくなります。

以前は手作業でしていたことの多くが、最近では機械化され、私たちはボタン一つでさまざまなことを簡単にできるようになりました。本当に便利なものです。私自身も、このテクノロジーの発展の恩恵にあずかっている一人です。

しかし、ふと思うのが、**以前はできていたことが、今はできなくなってしまった**ということです。

例えば、昔はお風呂を焚《た》くにしても、山に行って薪《まき》や木の枝を集めて、それを燃やしてお湯を沸かさなければなりませんでした。

昔はそれが当たり前のことでしたが、今では蛇口を捻《ひね》ればお湯が出てきます。家によっては、ボタン一つでお湯張りができる機能つきのお風呂もあることでしょう。

これは紛れもなく、労力の削減や時間の短縮に多大な貢献をしています。おかげで、私たちは別のことに時間やエネルギーを使うことができます。

ただ注意すべきことは、テクノロジーに頼りすぎてはならないということです。今日、私たちはテクノロジーに「安心」を求めがちですが、これは非常に薄っぺらな「安心」です。

テクノロジーの技術自体は大変素晴らしいものです。しかし、それを頼る私たちには、プラスの面を与えてくれると同時に、人が営んできた行為や知恵を奪ってしまうというマイナスの面ももたらします。

そのいい例が、雪の降る寒い日に急にエアコンが故障し、暖房を入れることができないとき、私たちは一瞬にしてテクノロジーに寄せていた「安心」を失います。

どうにかしようと試みても自分では修理もできず、かといって急に昔のような方法で火をおこして部屋を暖めるような行動を取ることはできません。

なぜならば、体力的なこともありますが、物事を臨機応変に工夫して考えるという能力が衰えているからです。

結果、その場でテクノロジーに対して文句を言うことしかできないというのが、現在の私たちの姿ではないでしょうか。

結局は、この「安心」は「不安」「心配」に変わっています。

テクノロジーは、身体を暖めてくれることはありますが、人の心まで温かくはしてくれません。人と人の繋がりでしか、心を温めることはできないのかもしれません。

では、心の温まりとはどういうことなのかというと、これこそが私が友人の家族と近所の老夫婦から感じた「安心」なのだと思います。

不安や心配などなく、自分の身をそのまま寄りかかるように預けることのできる場所に触れることが、本当の「安心」なのではないでしょうか。

ひょっとしたら手をつなぐというのは、無意識にも「安心しているよ」というメッセージを、相手にも自分にも周囲の人々にも発信する行為の一つなのかもしれません。

もちろん手をつなぐこと以外にも、普段の生活の中には何気なく人と触れ合う動作がたくさんあると思います。

それらの動作の根底には一体自分のどんな思いが隠されているのか深く考えてみると、思わぬ心の温まりと出会うことができるかもしれません。

私ごとで言うと、一緒にいると寄り添ってくる幼い娘から学ばせてもらいました。同時に、私も娘に寄り添います。何とも表現しがたい「安心」がここにあります。

5 「振り返り」は「未来を描く」こと

●教えてもらいたかったこと

先日、実家の近所に住むある家庭のお母さんが、高校生の男の子を連れて私の家に来ました。この二人が私の実家を訪問する一週間前、突然そのお母さんから連絡があり、高校二年生になる息子さんの英語の試験勉強をみてやって欲しいという依頼を受けました。

話によると、英語の試験で赤点が続き、進級が危ういと学校側から告げられ、なんとか息子さんを助けてもらえないかということでした。

私は過去に数年アメリカに留学し、また仕事でも英語を使っているということもあって、この背景を知っていたお母さんが連絡して来られたのです。
しかし、私は人に英語を教えた経験などなく、ましてやそんな責任の重いご依頼を引き受けるべきか迷いましたが、お母さんの切羽詰まった懇願を断ることができず、二時間だけ家庭教師をすることにしました。

当日、約束の時間になるとお母さんと緊張気味な息子さんが来られました。客間に通し、挨拶を済ませ、簡単なカウンセリングをしました。
お母さんからのお願いは、とにかく次の期末テストで赤点をとらないように指導して欲しいということだったので、まずテストの範囲を確認し、どのような仕方で教えるか筋道を立てました。

そして、テスト範囲の教科書を読んだり、文法や単語を確認したりしていると、あっという間に二時間が過ぎました。私自身、人に英語を教えるというのは初めての経験だったので、ある意味、私の方が息子さん以上に勉強になった気がしました。

そして、私は二つのことを学びました。

一つは、今だからこそ分かる「テストを作成する英語の先生の心理」です。教科書を読み、そのページで注目すべき文法を確認すると、出題する問題の傾向などが不思議と分かってしまうのです。

試しに、息子さんに「学校の先生はこの部分を強調して教えなかったか」と尋ねると、そうだったと答えます。そこで、私はテストの出題が予想される箇所を全て教えました。私自身この視点をもっと早く手に入れていれば、学生時代に苦労せずに英語のテストで高得点が獲れたのにと、おしい思いをしました。しかし、新鮮な感覚でした。

もう一つは「自分自身を振り返ることの大切さ」です。私は、必死に勉強する息子さんの姿に昔の自分の姿を重ね、いろいろなことを思い出しました。

実は、私は今でこそ仕事で英語を使わない日はないような生活をし、今回のように人に英語を教えることができますが、もともと英語が得意だったわけではありません。英語という科目は好きでしたが、その気持ちと英語の勉強の実力は必ずしも比例するものではありませんでした。
　学生時代、記憶することが苦手な私は、分からない単語を覚えるまで何度も雑記帳に書き続け、牛歩のスピードで勉強を進めていたときのことを懐かしく思います。

　そして私は、彼のひたむきな姿に過去の自分を思い出し、勉強が終わった後でお茶を飲んでいたのですが、気がついたら過去の自分の話を息子さんにしていました。どんなに英語の勉強をしても成果がなかなか出ずに苦しかったこと、英語を学んでよかったこと、最後には私の高校時代のことなど、赤裸々に語りました。するど、息子さんはそれまではどちらかというと顔を下に向け、私とは目を合わせない姿勢だったのですが、気がつくと私の目をしっかりと見るように顔を上げていました。

最後に「英語の勉強を頑張ります。もっと早く話を聞けたらよかったです」という感想を述べてくれました。そして、教えた勉強方法を毎日することを約束し、お母さんと帰宅されました。

●「振り返る」ことの本来の意味

二人が帰宅した後、私は責任重大な任務を終えたことに安心しつつ、横になって携帯電話を触っていました。そして、ニュースサイトを見ていると、ある英文章が目に留まりました。それは、**「Be who you needed when you were young.」**という一文でした。これは、**「自分が若かったときに必要だと思った人になれ」**という意味です。

私は、この文章を目にして、理由はよくわからないのですが涙を流してしまいました。きっと、そこには高校生の自分がいたのだと思います。私は、自分が高校生のときにいて欲しいと思った人のことを思い出していました。

辛かったとき、悲しかったとき、誰にも言えないことがあったとき、誰に聞けばよいか分からなかったとき、不安でたまらなかったとき、そんな悩みに気づき、そばにいて寄り添ってくれる人を探していました。

そして、そのような大人になることが私の目標でした。しかし、いつの間にかこの目標をどこかに置き忘れてしまっていたようです。

これは私の勘違いかもしれませんが、私には高校生の息子さんが英語の勉強を通して、彼なりの苦しみや生きるうえでの大切な問いを、私に対して投げかけていた気がするのです。その問いかけにきちんと答えることができたかはわかりませんが、初めて**過去の自分との約束を果たせた気がしました。**

きっと、私の涙はその約束を守れたことへの嬉しさだったのでしょう。

一般的に「振り返る」ことは、後ろ向きの姿勢としてあまり肯定的には捉えられていません。もちろん、過去に執着を持ち過ぎてしまうことは、苦しみの原因にもなり、あまりおすすめできることではありません。しかし、**過去の自分の原点を「振り返る」ことは、「今の自分を問いかける」ことになり、自分が本来望んでいた未来を切り拓くことに繋がります。**

「あなたは自分が若かったときに、必要だと思っていた人になれていますか？」

人は何度でもやり直し、軌道修正することができます。 ときには立ち止まって、過去の自分と対話してみてはいかがでしょうか。

すると、自分にとって本当に大事なものが明確になるはずです。

6　人間にとって、本当の幸せとは何か

●勝手な思い込み

先日、普段からお世話になっている近所のおばあさんが入院したということで、お見舞いに行ってきました。このおばあさんは、私にとって遠い親戚にあたります。話によると、脳卒中で倒れ、幸い意識は戻ったものの、後遺症として自分一人では歩けなくなってしまったと聞いていました。

病院に到着してエレベーターで病棟まで上がり、おばあさんがいる部屋に入るまでの間、今までできたことができなくなってしまったことを、さぞかし悲しまれているだろうと想像していました。

私はおばあさんに何と声を掛けたらいいのだろうと考えていたのですが、うまく言葉をまとめられず、気がつけばおばあさんがいる四人部屋の病室の前にいました。

病室とおばあさんの名前とベッドの位置を確認して中に入ると、一番左奥の窓側で、ベッドを起こし、穏やかな表情で本を読んでいるおばあさんの姿がありました。


私が「こんにちは」と声を掛けると、「あら、尚《なお》ちゃん!!」と手を叩いて喜んで迎えてくれました。そんなおばあさんの明るく元気な姿に驚きましたが、同時に、病室に来るまでにごちゃごちゃ考える必要はなかったなと安堵しました。

パイプイスがあったので、私はそれを借りて腰を掛け、しばらく症状や倒れてしまったときのことなど話を聞きました。やはり、後遺症として足に力が入らず、一人では歩けないとのことでした。

日頃、元気に農作業や庭掃除をし、ときにはさまざまな郷土料理を作っては近所の方々におすそわけして回っていた姿を眼にしていたので、一人で歩けなくなり、できることもかなり制限されることになってしまった状況を、さぞかし悲しまれているだろうと改めて思いました。

私は、布団がかかった足をなでながら「辛いね」と声を掛けました。すると、おばあさんから思いも寄らない返答がありました。

おばあさんはニコリと笑い、私にこう言いました。

「尚ちゃん、辛くなんてないわ。こうして生きているのだから。こうやって本は読めるし、お話もできるし。大丈夫よ」

私はおばあさんの優しい顔と声から、強がったりしているのではなく、本当に心からそう思っているのだと感じ取りました。

同時に、おばあさんの「人としての大きさ」を感じ、また勝手におばあさんは不幸だと決めつけていた自分の狭い見識を恥じました。それからしばらくお話をして、病室を後にしました。

それぞれの幸せ

その後のある日、犬の散歩で近所を歩いていると、退院したそのおばあさんに偶然出会いました。しかし、私はおばあさんの姿を見て本当に驚きました。

おばあさんはご自宅の庭の草取りをしていたのです。おばあさんのすぐ背後には車イスがあり、後遺症でやはり下半身が動かないおばあさんは、腕の力を使って自分で地面を這っていたのです。

麦わら帽子をかぶり、ペチャンとおしりと足を地面につけて一生懸命、黙々と草取りをしているおばあさんに「こんにちは」と声を掛けると、顔を上げて「あら、尚ちゃん!!」と元気そうな笑顔を見せてくれました。

一週間前に退院して、ようやく新しい生活のリズムに慣れてきたところだという近況を聞きました。

そして、私が「おばあさん、大丈夫?」と聞くと、「大丈夫、大丈夫」という言葉が返ってきました。そして、おばあさんはこう口にしました。

「尚ちゃん、見て。庭にこんなに草が生えているの。入院中、ずっと気になっていたのよ。でもこうして草取りができて幸せだわ。**あたしね、こうやって草取りするのが一番の幸せなの」**と。

私は、このおばあさんの言葉を聞いて、涙がでそうになりました。

人にはそれぞれ幸せがあり、その幸せを手にするため、その幸せに少しでも近づこうと頑張って生きていると思います。

例えば、美味しいものを好きなだけ食べたり飲んだり、好きなものを自由に買えること。まわりの人よりもいい生活をすること。名声を得ること。その他にも、人の数だけ異なる幸せがあると思います。

しかし、そんな中で「庭の草取りが幸せ」と答える方はどれくらいいるのでしょうか？

おばあさんの言葉を聞いて、例に挙げたようなことが幸せだと思っていた私の幸せとは、結局は物事を自分の思い通りにしたいという欲求であって、幸せではなかったということに気づかされました。

おばあさんの幸せと比べて、自分が追い求めていた「幻想の幸せ」がどれだけちっぽけなもので、はかないものであったかということを痛感したのです。

おばあさんにとっては、静かに草取りをしながら、土に触り、風に吹かれ、太陽の光を浴び、無心になって時間を過ごすことが幸せだったのです。

つまり、即物的な我欲《がよく》を満たすのではなく、心を満たすことが幸せだと気がついたのです。この限りのない幸せにおばあさんを通じて触れ、またしても感動して涙がでそうになりました。

人間は、本当は何一つ当たり前のことのない中で生きています。実は、今こうして生きていること自体、言葉では表現できないくらい素晴らしいことなのです。

これを別の言い方では、**「生かされている」**と表現します。しかし、私たちはこの根本的な真実を忘れがちです。その結果、感覚が麻痺してしまい、「幻想の幸せ」に囚われてしまうのです。

おばあさんの草取りは、自然に触れることで、**自分の「いのち」を振り返る**ことに繋がっています。その触れ合いの中で「生かされている」という真実を見つめ直し、おばあさんはその事実に幸せを感じているのです。

草取りもいいと思いますが、山に登ったり、川の水に触れてみたり、浜辺で海の波に触れてみたり、さまざまな方法で自然と接することは、**自分の「いのち」を振り返る機会**になります。

そのとき、**「幻想の幸せ」ではなく、自分にとって本当に大切なものは何なのかを感じ取ることができるのではないかと思います。**

おわりに

この度、私の新たな挑戦として、仏教用語を極力使わずに、大切な仏教の教えを伝えるという試みをさせていただきました。

私はこれまでに前作の『訳せない日本語』（アルファポリス）をはじめとして、仏教用語を簡単な英単語に置き換えるという、ある意味変わった手法で仏教思想を紹介する書籍を出版して参りました。

つまり、外国語を介した仏教思想の紹介という新しい手法を創出したのです。

しかし、その過程では、自分自身が腹落ちするまで仏教用語とその教えに向き合い、真意をとことん考える必要がありました。そして、あることに気がつきました。

それは、仏教の教えを日常生活の中に落とし込んでいくと、普段の生活において馴染み深い表現やたとえで説明ができるようになるということです。

別の言い方をすれば、普段仏教とはほど遠いと思っている方々や、仏教の知識が限られている方々にも、分かりやすくその教えを伝えることができ、身近に感じていただけるということです。


仏教の伝道には仏教教義の奥深さを伝える縦幅の深さのアプローチと、仏教の身近さを伝える横幅の広さのアプローチがあります。私は、自分の役割というものが後者にあり、今日《こんにち》の日本で求められている大切な視点ではないかと思うのです。

私自身まだ若輩の身ではありますが、だからこそ読者の方々にも多くの点で親しみや共感を持っていただけるのではないかと考えております。

この本が、少しでも多くの方がご自身の生活をより心豊かに過ごすための〝気づき〟となることを願い、筆をおかせていただきます。

平成三十年四月

大來尚順

「働く」ことの本当の意味を
仏教の世界から考えてみる

端《はた》楽《らく》

「はた《端》」を「らく《楽》」
にする。
それが
働くこと。

●定価:1500円+税
●ISBN 978-4-434-21729-6

大來尚順 OGI, Shojun 著

人間に義務づけられた「働く」ことに
仏教の考えを取り入れてみることで
ブッダの教えを仕事と生活に役立てる。

【著者紹介】

大來 尚順（おおぎ しょうじゅん）

浄土真宗本願寺派 大見山 超勝寺僧侶　翻訳家　寺子屋ブッダ理事／講師

1982 年、山口県生まれ。龍谷大学卒業後に渡米。米国仏教大学院に進学し修士課程を修了。その後、同国ハーバード大学神学部研究員を経て帰国。僧侶でありながら、講演や執筆、通訳や仏教家関係の書物の翻訳なども手掛け、活動の場を幅広く持つ。
ビジネスマンの悩みを仏教の観点から解決に導く書籍『端楽（はたらく）』や、英語に訳せない日本語の奥深さを説いた『訳せない日本語』（いずれもアルファポリス）も好評のほか、ユニークな視点から難解と思われがちな仏教思想を英語で考える『超カンタン英語で仏教がよくわかる』（扶桑社）など著書も多数。その他テレビ出演など、多角的な活躍で注目を集める新時代の僧侶。

小さな幸せの見つけ方

大來尚順 著

2018年 4月 30日初版発行

編　集－原　康明
編集長－太田鉄平
発行者－梶本雄介
発行所－株式会社アルファポリス
〒150-6005 東京都渋谷区恵比寿4-20-3 恵比寿ｶﾞｰﾃﾞﾝﾌﾟﾚｲｽﾀﾜｰ5F
TEL 03-6277-1601（営業）03-6277-1602（編集）
URL http://www.alphapolis.co.jp/
発売元－株式会社星雲社
〒112-0005東京都文京区水道1-3-30
TEL 03-3868-3275
装丁・中面デザイン－ansyyqdesign
印刷－中央精版印刷株式会社
帯写真－黒木武浩
撮影協力－圓融寺《えんゆうじ》

価格はカバーに表示されてあります。
落丁乱丁の場合はアルファポリスまでご連絡ください。
送料は小社負担でお取り替えします。

ISBN 978-4-434-24515-2 C0095